体幹やウエイトより
効果絶大!

運動能力が10秒で上がる

サボリ筋トレーニング

笹川大瑛

KADOKAWA

はじめに

「練習や筋トレをこんなに頑張っているのに、どうして運動能力やパフォーマンスが上がらないのか」

そうした疑問や悩みを抱えた人は、老若男女を問わず、非常に多いと思います。
「もう1つ上のレベルに到達したい」と思うからこそ、誰もがトレーニングに精を出すものの、思うような変化も結果も得られない——。

本書の内容は、そうした疑問や悩みに対する1つの答えになります。

素早く動けないのも、強く打てないのも、高く跳べないのも、記録が伸びないのも、いくつかの「ある筋肉」が働いていない、または衰えているからです。

つまり、**その筋肉がしっかり働いて機能すべきなのに実はサボっている＝「サボリ**

筋」になっているからこそ、あなたは存分に力を発揮できないでいるのです。

しかも、その筋肉は、従来のトレーニング法では見逃されることがほとんどで、だからこそ状況が改善しないという問題が存在していました。

そうした**〝重要な筋肉〟を集中的にトレーニングすることで、多くの疑問や悩みを一気に解消できるメソッドこそが、本書の核となる「サボリ筋トレーニング」です。**

私はこれまでに、数多くのアスリートたちのコンディショニング・パフォーマンスアップ・リハビリに携わってきました。

理学療法士として大阪・東京の病院に勤務した後、日本大学大学院で運動学・トレーニングを専攻し、全国の医療従事者への技術指導を行うとともに、トップレベルのアスリートのトレーナーとしても務めてきました。

そうした活動の中で、研究と実践を積み重ね、「運動科学的に正しいサボリ筋トレーニング」のメソッドを考案し、確立させた次第です。

1つのサボリ筋トレーニングにかかる時間は、たったの10秒です。

しかし、運動科学的にみて、きわめて合理的なトレーニングであるため、運動能力向上の効果は数えきれないほどたくさんの人たちに現れています。

例えば、サボリ筋トレーニングを約1カ月行った学生たち（高校女子1～3年生／16名）では、**短距離の50ｍ走・長距離の１５００ｍ走ともに、全員のタイムが見事短縮されました**（詳細は第3章）。

また、ケガをしてウエイトトレーニングやランニングができなくなったから……とサボリ筋トレーニングをはじめた女子プロゴルファーは、**40代にして３５０ヤードまで飛ばせるほどにパワーアップしました。サボリ筋トレーニングを行ったおかげで、自然と「ここに力を入れる」という感覚がわかってきたとお話しされていました**（詳細は第7章）。

ほかにも、例を挙げればきりがないほどの実績を残しています。

もちろん、継続すればするほど効果が現れやすく、パフォーマンスの質が劇的に向上する確率が上がっていくのはいうまでもありません。

そのメカニズムは、以降で実例も交えながら詳しくご説明しますが、ここであえてひとことで表せば、これまでとはガラッと体が変わり、運動・スポーツをするうえで「ほんとうに能力向上に役立つ筋肉」を手に入れられることに秘密があります。

だからこそ、動きやプレーの幅が大きく広がり、故障・ケガもしにくくなり、未体験のスピード・キレ・伸び・力強さまで獲得できて、自らが満足できる結果を残せるのです。

あなたもぜひ、サボリ筋トレーニングを実践し〝上達の限界〟を突破して、人生最高のパフォーマンスを実現していただきたいと思います。

笹川大瑛

2021年6月

私たち「自己ベスト更新しました」

フルマラソンを3時間48分台で走っていたのが、3時間30分台まで**約20分もタイムを短縮**できました

（長距離走／女性・30代）

ピッチングの球速が**MAX132km/hから144km/hまでアップ**して、ストレート勝負に自信がつきました

（野球／男性・10代）

ケガでまともなシュートすら打てなかったのに、**以前よりも強いシュート**ができるようになりました

（サッカー／男性・10代）

タイムが伸び悩んでいましたが、全身のブレが解消され、男子100m平泳ぎで**自己ベストを7秒更新**できました

（水泳／男性・10代）

女子100m背泳ぎで**自己ベストを1.3秒も縮めて**県の新記録を樹立、インターハイに出場できました

（水泳／女性・10代）

サボリ筋トレーニングで限界突破!

高価なマシンや道具は不要。長い期間続けなくてOK。
10秒ですぐに効果が実感できる――。
そんな魔法のような新メソッド「サボリ筋トレーニング」を体験した方々の、リアルな声を集めました。

50m走のタイムが0.4秒縮まって7.0秒になり、女子で学年2位の成績を残せました

(短距離走/女性・10代)

約2週間で**ジャンプ力が10cm以上アップ**したので、スパイクのときに見える"相手コートの景色"が変わりました

(バレーボール/女性・10代)

ショットのパワーが明らかにアップして、月に1回はガットを張り替えないといけないほどになりました

(テニス/女性・50代)

キックが弱くて悩んでいましたが、**パワーとスピードがともにアップ**しました

(格闘技/男性・10代)

ドライバーの**飛距離が、250ヤードから320ヤードになり**、ドラコンプロの認定を受けました

(ゴルフ/男性・40代)

たった10秒間ポーズを取るだけで、すぐに効果が実感できるのはなぜ?

▼これまでのあなた……

◎関節を支えていて、運動能力アップに直結する重要な筋肉＝「サボリ筋」のトレーニングをしていない

⬅

◎働きすぎる筋肉とサボリがちな筋肉でアンバランスになるため、「ここで頑張ろう」と意識しても、ケガをしないように体が力をセーブする

⬅

◎本来の力をフルに発揮できないから、あらゆる運動能力・パフォーマンスが停滞してしまう

▼サボリ筋トレーニングをすると……

◎サボリ筋が本来果たすべきだった「関節を安定させる力」「関節を柔軟に動かす力」がともに向上する

⬅

◎関節と筋肉のバランスが整うことにより、正確かつ最大限のパワーをいつでも発揮できるようになる

⬅

◎眠っていた力をフルに発揮できるようになり、これまで以上に速く強い動きを安定して繰り出せる

だから〝上達の限界〟を超え、人生最高のパフォーマンスを実現できるようになるのです!

目次

第３章 腰のバランスを整え「走力」を高める

ブックデザイン	轡田昭彦＋坪井朋子
撮影	山上　忠
DTP	荒木香樹
モデル	渡邉　伶（セントラルジャパン）
ヘアメイク	平塚美由紀
イラスト	中村知史
執筆	松尾佳昌
校正	東　貞夫
編集	河村伸治（KADOKAWA）
編集協力	泊　久代
Special Thanks	神山達哉（セントラルジャパン）
	STUDIO HILL STREAM

第１章

10秒で体が変わる!

「サボリ筋トレーニング」実践

サボリ筋への簡単&集中トレーニングがパフォーマンスアップに直結している

私たちの体が動くのは、骨と骨の接合部分である関節が動くからです。

そして、その関節をスムーズに動かしているのは、いうまでもなく筋肉です。と同時に、関節を締めて安定させるうえでも、関節の前後や内側、外側をまたぐようについている筋肉の働きがとても重要になります。

とはいえ、関節を支えている筋肉のすべてが、きちんと働いているわけではありません。**普段の動作や姿勢のクセ、加齢などの影響で、脳からの「働け」という指令通りに働けなかったり、筋力そのものが落ちていたりする「サボリ筋」があります。**

「はじめに」でもお話しした通り、私はこのサボリ筋について徹底的に調べました。

その結果、**「関節を支える筋肉は決まっていて、1つの関節は2つの筋肉で支えられていること」「運動能力を向上させるには、6つの重要関節にかかわる12のサボリ筋をトレーニングすること」**が重要だとわかったのです（左ページの図を参照）。

6つの重要関節を支える「12の筋肉」

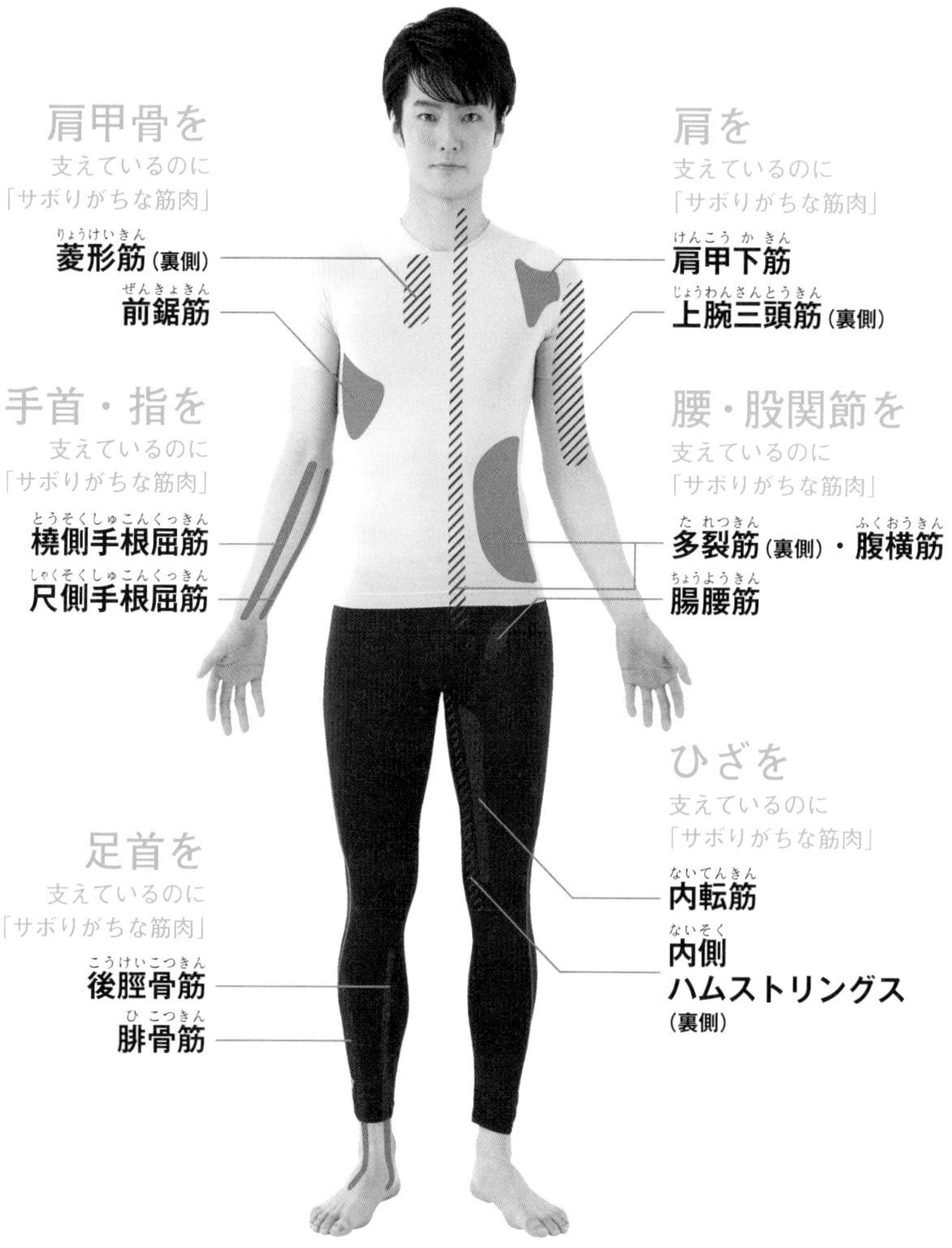

これらの筋肉こそトレーニングしよう!

また、実をいうと、サボってきた筋肉がある一方で、過剰に働きすぎた筋肉も存在しています。**サボリ筋が本来果たすべき役割を、そばにある複数の筋肉が頑張ってフォローしているのです。**

そうした筋肉を、私は「ガンバリ筋」と呼んでいます。そして、**そのガンバリ筋は緊張して硬くなりやすく、それもまた運動能力向上の妨げになってしまいます。**

肩甲骨（肩甲胸郭《けんこうきょうかく》関節）周りを例に挙げると、菱形筋という筋肉がサボると、その〝マイナスぶん〟を肩甲挙筋《けんこうきょきん》・胸鎖乳突筋《きょうさにゅうとつきん》・頭板状筋《とうばんじょうきん》という筋肉が頑張って補うのですが、おかげで関節周りの筋力バランスが崩れてしまい、運動能力が上がらないどころか、ケガもしやすい状態になってしまうのです（左ページの図を参照）。

しかし、ここでサボリ筋トレーニングを行えば、**サボっていた筋肉を集中的に鍛えて筋力アップできるうえ、関節周りの筋力のアンバランスまで解消されるので、制限のかかっていた動きに多様性が取り戻されます。**

つまり、関節を柔軟に動かせるようになって可動域（動く範囲）が拡大し、その一方でカチッと固めて強いパワーを生み出すことも可能になって、動きやプレーの幅が大きく広がること＝パフォーマンスアップに直結するということなのです。

「サボリ筋」と「ガンバリ筋」の深い関係

肩甲骨の動き・機能にかかわる「サボリ筋」「ガンバリ筋」

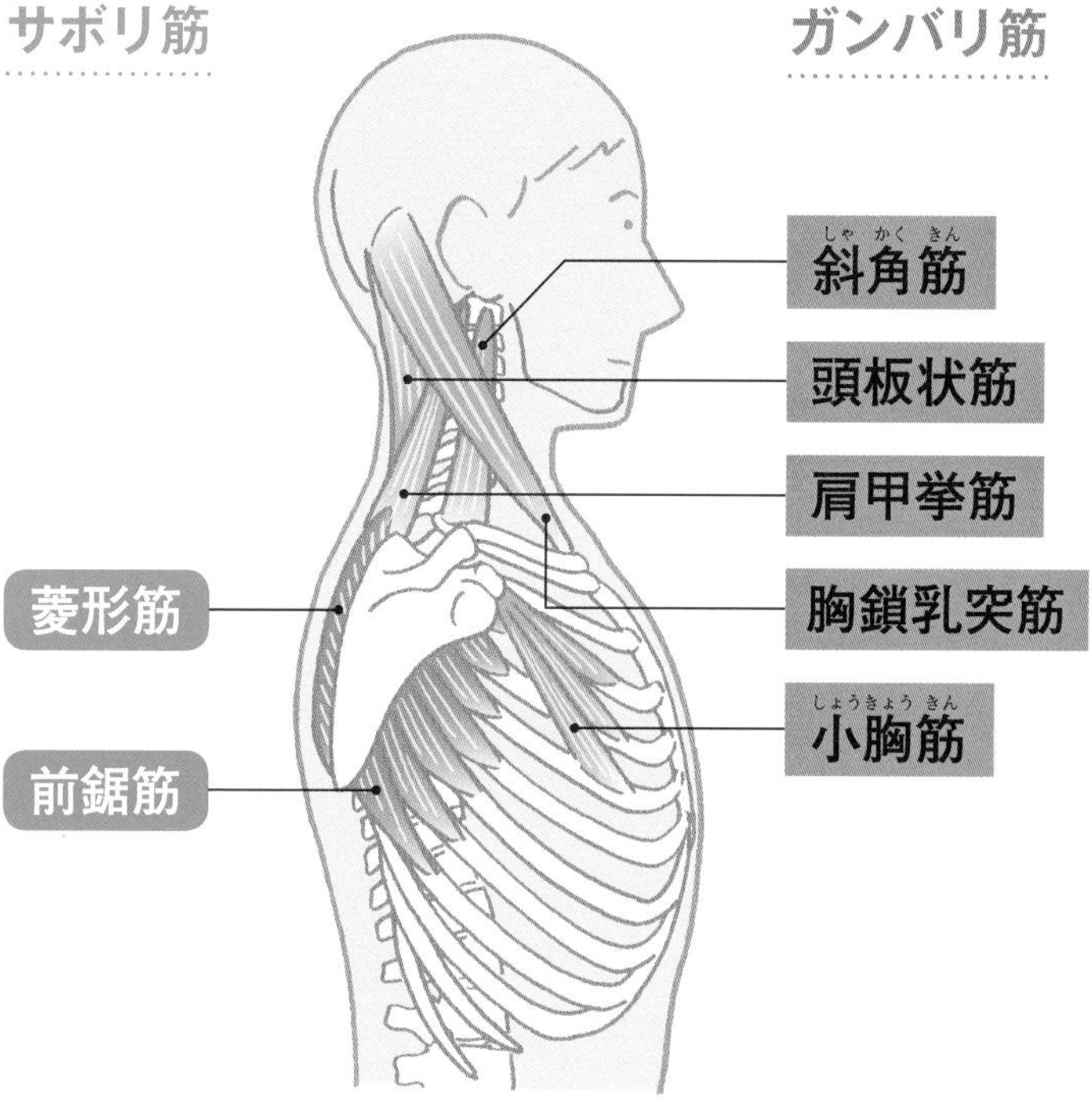

サボリ筋トレーニングで

筋力のアンバランスが解消される！

ひとめでわかる!

運動能力アップの目的別対応表

「走」「跳」「蹴」「投」「振」「泳」―― いちばん欲しい力を得るための最短のトレーニングメニューを一覧にしました。運動科学の理論に基づく「なぜ、このトレーニングが効果的なのか」の解説は、各章をご参照ください

走力 を高めたい方は、腰・股関節周りの強化を

■腸腰筋トレーニング …… 36ページ

■多裂筋・腹横筋トレーニング …… 38ページ

跳力 を高めたい方は、足首周りの強化を

■後脛骨筋トレーニング …… 44ページ

■腓骨筋トレーニング …… 46ページ

蹴力 を高めたい方は、ひざ周りの強化を

■内側ハムストリングストレーニング …… 40ページ

■内転筋トレーニング …… 42ページ

投力 を高めたい方は、肩周りの強化を

■肩甲下筋トレーニング …… 28ページ

■上腕三頭筋トレーニング …… 30ページ

振力 を高めたい方は、手首・指周りの強化を

■橈側手根屈筋トレーニング …… 32ページ

■尺側手根屈筋トレーニング …… 34ページ

泳力 を高めたい方は、肩甲骨周りの強化を

■前鋸筋トレーニング …… 24ページ

■菱形筋トレーニング …… 26ページ

サボリ筋トレーニング
実践のポイント

次のページからは早速、サボリ筋トレーニングのやり方をご紹介します。具体的な方法は各トレーニングのページにある通りですが、以下のように、すべてに共通した実践ポイントがあります。まずは、これらのポイントを意識しながら始めてみましょう！

1 **正しいフォームで、力を入れる筋肉をしっかり意識しながら行う**

2 **体勢を10秒間キープするときは、最大の力を込める**

3 **１つの関節を支える「２つのサボリ筋トレーニング」を、いっしょに行う**

4 **練習・試合の前後にできるだけ行う。特にストレッチの前に行うのがオススメ**

5 **慣れてきたら、１種類のサボリ筋トレーニングにつき３セットを目安に増やしていく**

まずは
１週間試して、
効果を実感して
ください

※トレーニング方法についての
さらに詳しい説明は、
第２章を参照してください

肩甲骨周りのサボリ筋 1

前鋸筋トレーニング

脇の下にある筋肉「前鋸筋」は、肩甲骨を前側で支える筋肉。腕を前～上の範囲に動かす能力、肩甲骨の安定性がアップする！

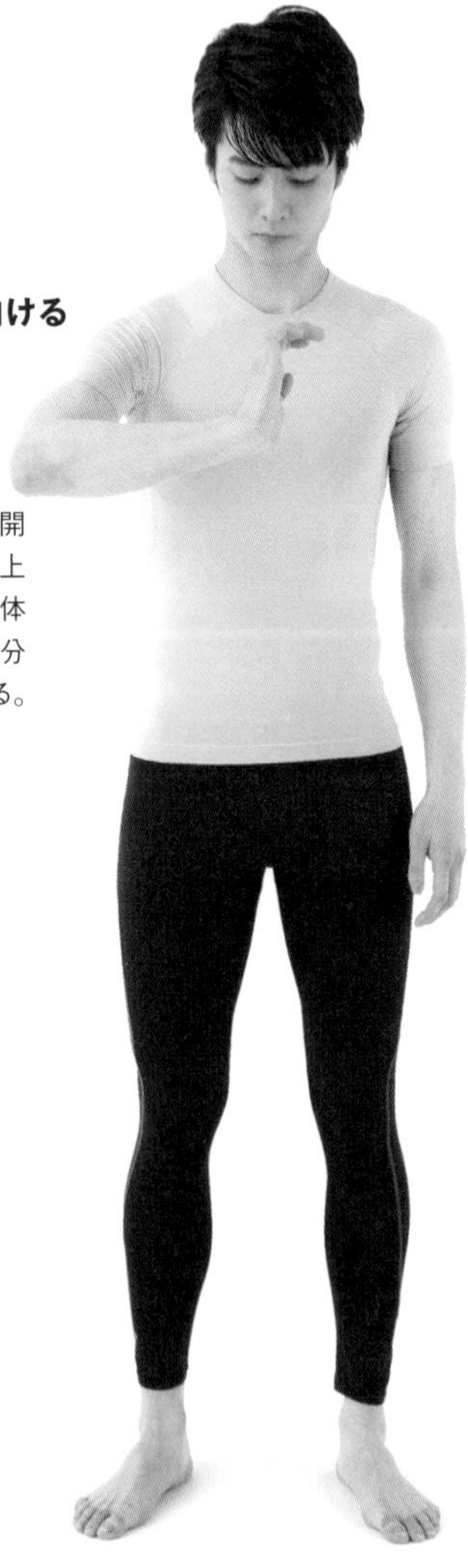

1

片腕を上げ、指先を自分に向ける

肩幅程度に両脚を開いて立ち、右腕を上げてひじを曲げ、体の正面で指先を自分の体のほうに向ける。

※写真は、右側の前鋸筋をトレーニングする場合

2

両手のひらを合わせ、ギューッと押す

右手のひらと左手のひらを合わせ、右腕で左腕を押した状態を、10秒間キープ。左右の腕＆手のひらを入れ替えて、同様にトレーニングする。

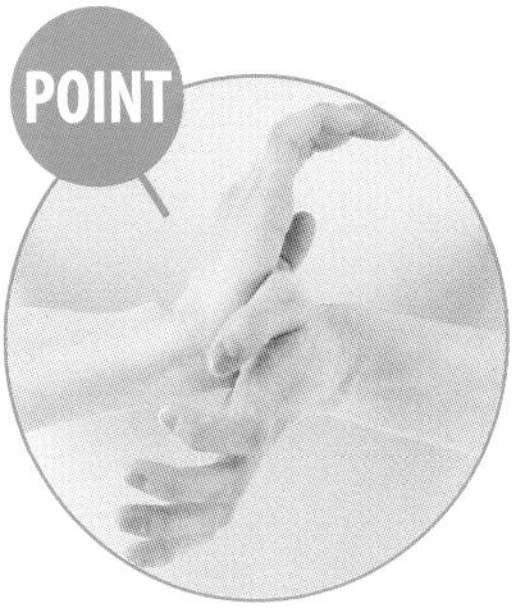

両手のひらを合わせるときは、右手のひらの根元の部分（手根骨《しゅこんこつ》の位置）に、左の手のひらの根元の部分を合わせること。

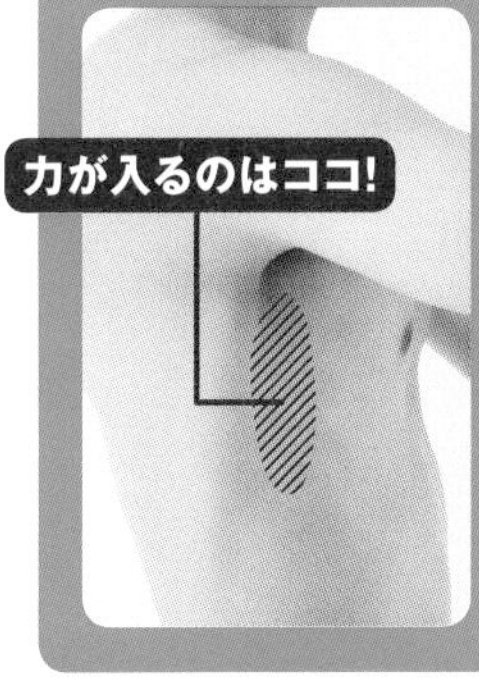

ギューッと押している腕の脇の下

前鋸筋は、肩甲骨の外側から肋骨の側面まで伸びている。この範囲にきちんと力を入れるように意識すると効果的！

肩甲骨周りのサボリ筋 2

菱形筋トレーニング

肩甲骨と背骨の間にある筋肉「菱形筋」は、
肩甲骨を後ろ側で支える筋肉。
腕を下～後ろの範囲に動かす能力、
肩甲骨の安定性がアップする！

1

**片腕を上げ、
手のひらを上に向ける**

肩幅程度に両脚を開いて立ち、右腕を真っ直ぐ伸ばしながら、“体の側面の方向”に軽く上げる。

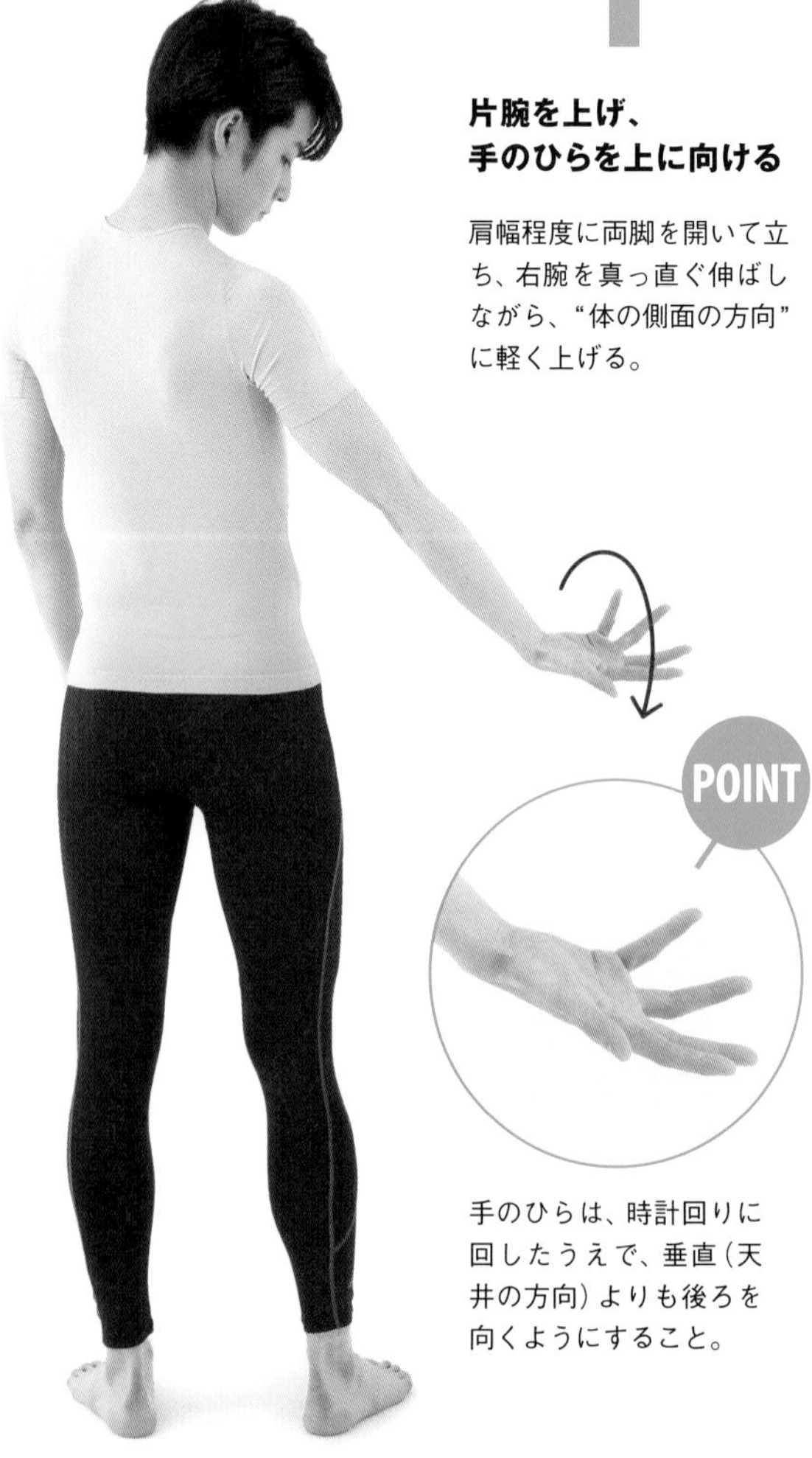

手のひらは、時計回りに回したうえで、垂直（天井の方向）よりも後ろを向くようにすること。

※写真は、右側の菱形筋をトレーニングする場合

2

腕だけを後方にグーッと引く

右半身に軽く重心を移動させながら、体はひねらずに、右腕だけを背中に沿って後方にグーッと引いた状態を10秒間キープ。左腕でも、同様にトレーニングする。

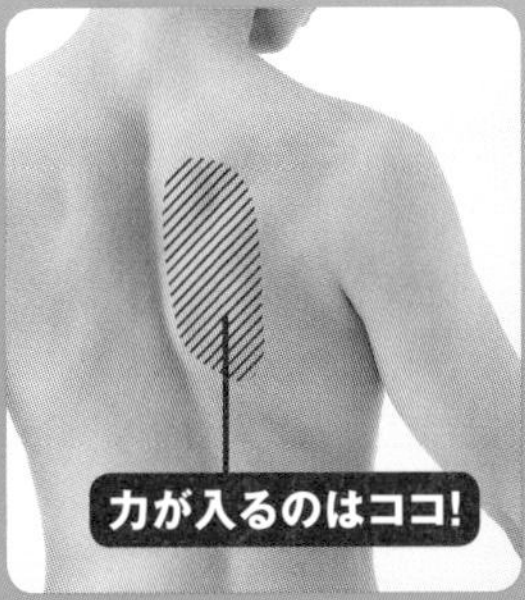

動かす腕の側の肩甲骨・背骨の間

菱形筋は、体の後ろ側中央にある背骨から、左右の肩甲骨まで伸びている。この範囲にきちんと力を入れ、肩甲骨を背骨に近づけるようなイメージで行うと効果的！

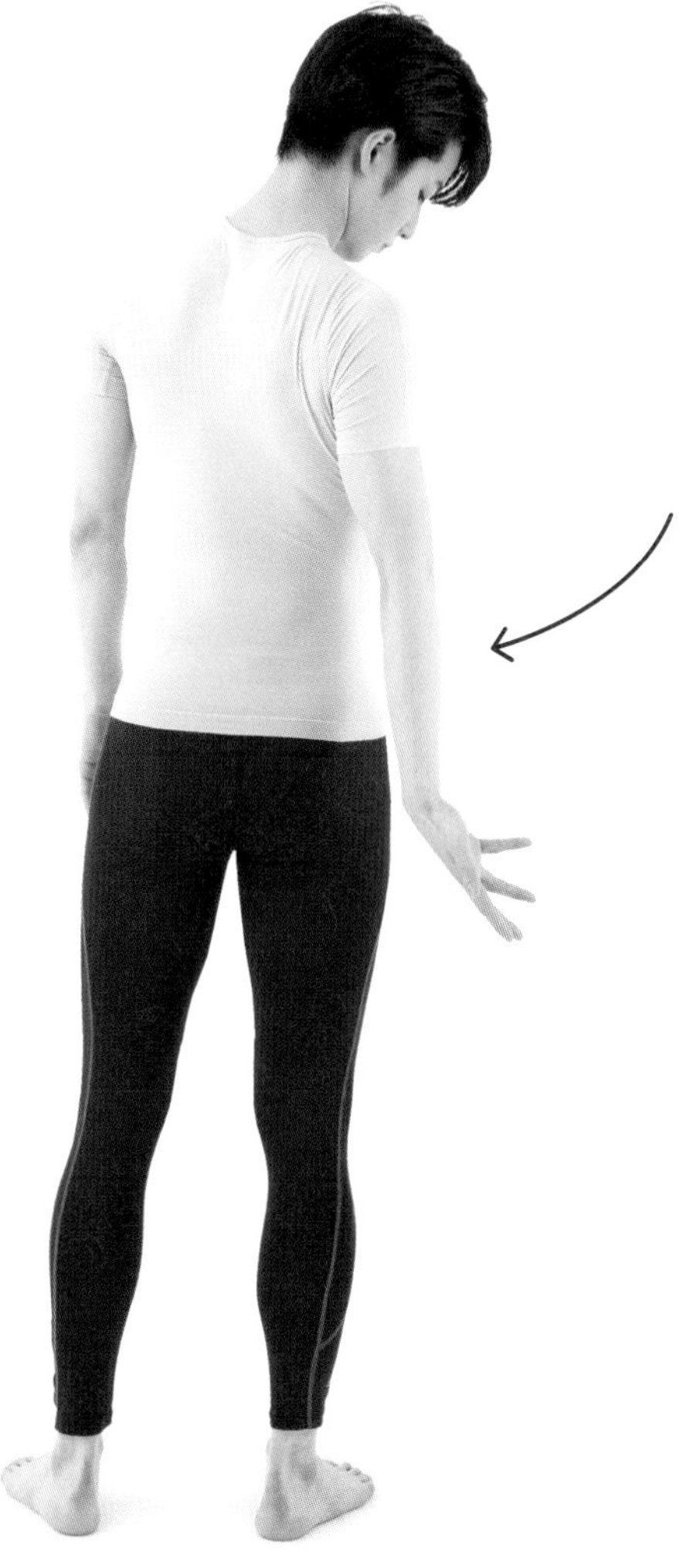

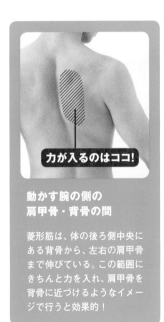

肩周りのサボリ筋 1

肩甲下筋トレーニング

肩（肩甲上腕関節《けんこうじょうわんかんせつ》）の前側を支えているのが「肩甲下筋」という筋肉。肩を内側にひねったり、腕を上から振り下ろしたりする能力がアップ！

1

片腕のひじを曲げる

肩幅程度に両脚を開いて立ち、右の手のひらを真下に向けつつ、ひじを曲げる。

※写真は、右側の肩甲下筋をトレーニングする場合

2

両腕で押し合う

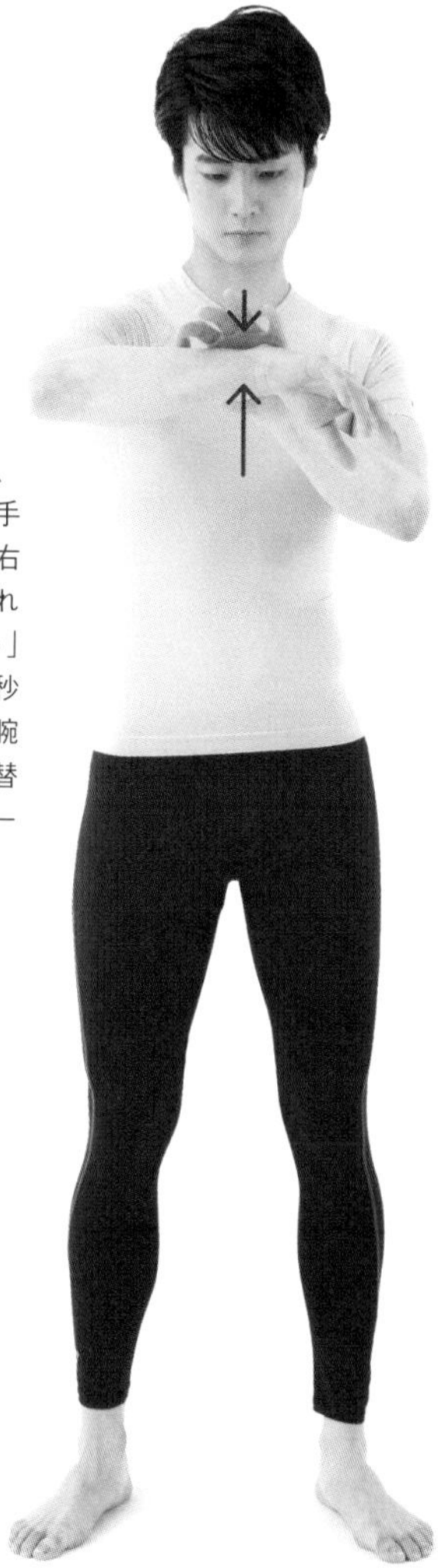

右胸の前あたりで、右腕の上に反対の手のひらを乗せ、「右腕を上げる」「それを左腕で押さえる」という状態を10秒間キープ。左右の腕&手のひらを入れ替えて、同様にトレーニングする。

POINT

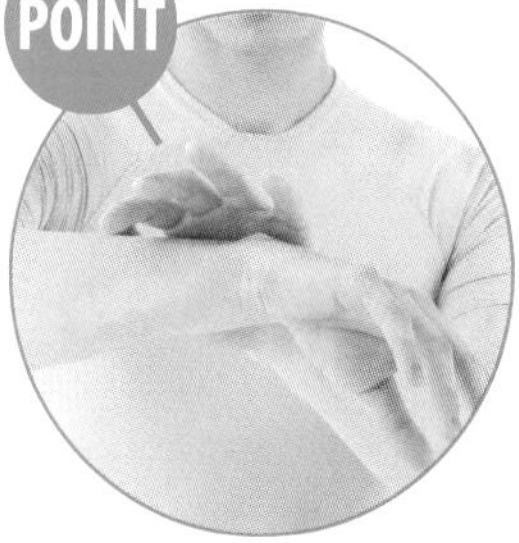

反対の手のひらは、右腕の前腕の位置に乗せる

力が入るのはココ!

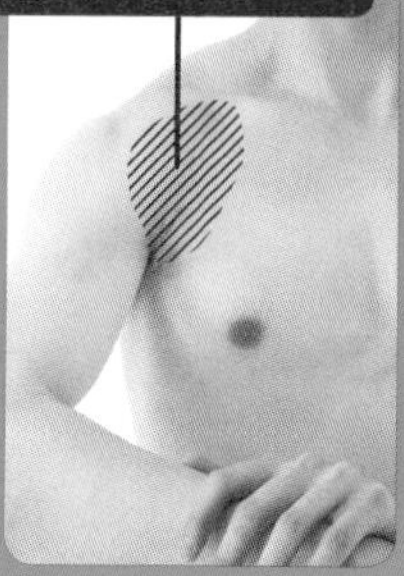

引き上げている腕の肩の前側

肩甲下筋は、肩甲骨の前面から二の腕の骨（上腕骨）まで伸びている。この範囲にきちんと力を入れるように意識すると効果的！

肩周りのサボリ筋 2

上腕三頭筋トレーニング

肩（肩甲上腕関節）の後ろ側を支えているのが「上腕三頭筋」という筋肉。肩を外側（後方）にひねったり、腕を大きく振り上げたりする能力がアップ！

1

脇を締めて、手のひらを上に向ける

肩幅程度に両脚を開いて立ち、右の脇を締めながら、手のひらを上に向ける。

※写真は、右側の上腕三頭筋をトレーニングする場合

2

**ひじを伸ばし、
手首を返しつつ
ひねる**

右ひじを前方にしっかり伸ばしながら、手を「グー」の形にして手首を手の甲側に曲げ、さらに外側へひねる。その状態を10秒間キープ。左腕でも、同様にトレーニングする。

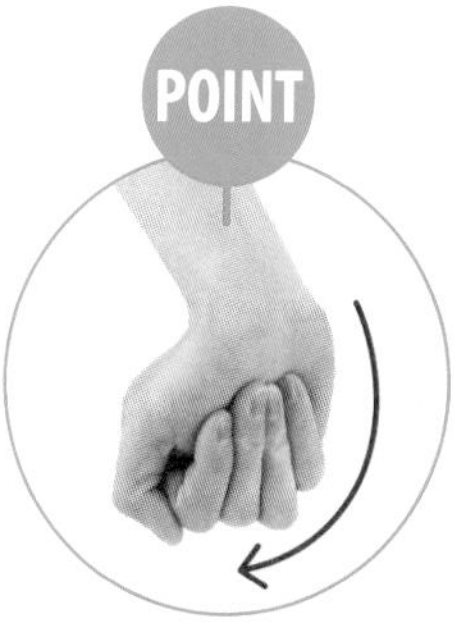

手首はしっかり反らせて、外側にひねること。

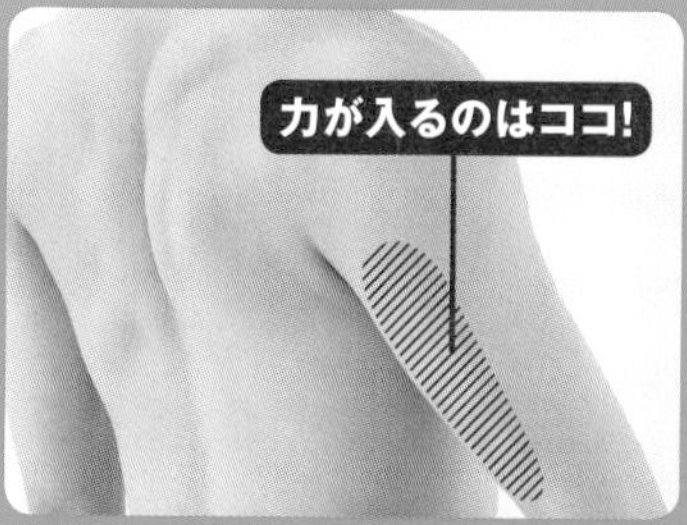

二の腕の後ろ側

上腕三頭筋は、肩甲骨や二の腕の骨（上腕骨）からひじまで伸びている。この範囲にきちんと力を入れるように意識すると効果的！

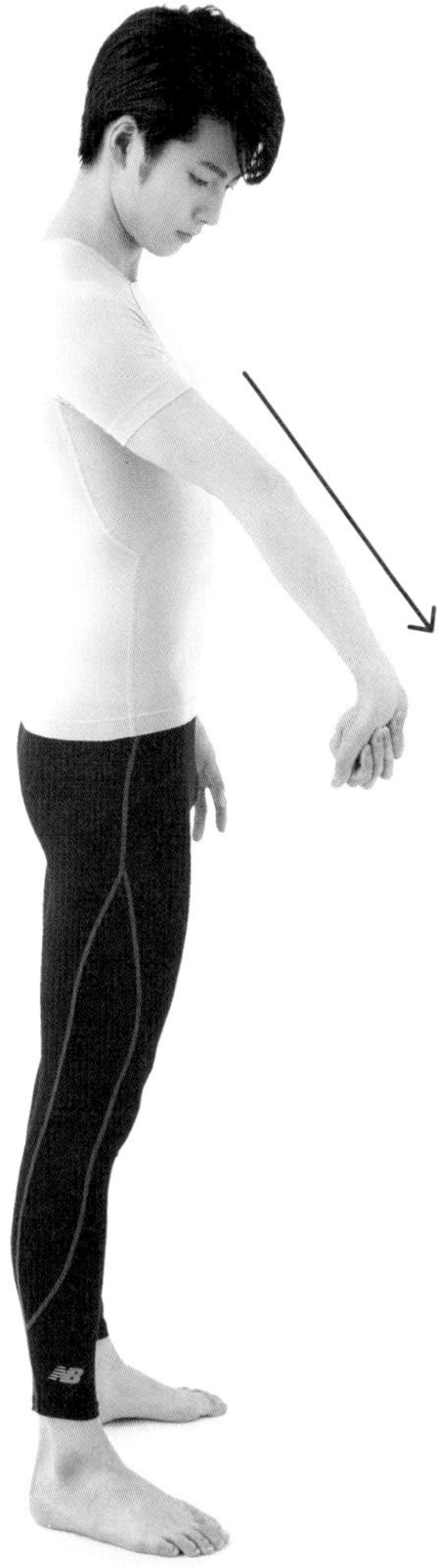

手首・指周りのサボリ筋 1

橈側手根屈筋トレーニング

手首や指の内側（親指側）を支えているのが「橈側手根屈筋」という筋肉。手首を手のひら側に曲げたり、親指・人差し指で物をつまんだりする能力がアップ！

1

脇を締めて、手を「グー」にする

肩幅程度に両脚を開いて立ち、右の脇を締めながら、手を「グー」の形にする。

POINT

「グー」の形を作る際、人差し指～小指の4本指は第2関節を曲げて第1関節を伸ばし、親指は人差し指の上から押すようにすること。

※写真は、右側の橈側手根屈筋をトレーニングする場合

2

手首を真下に曲げる

手首を手のひら側に向けて真下に曲げ、その状態を10秒間キープ。左腕でも、同様にトレーニングする。

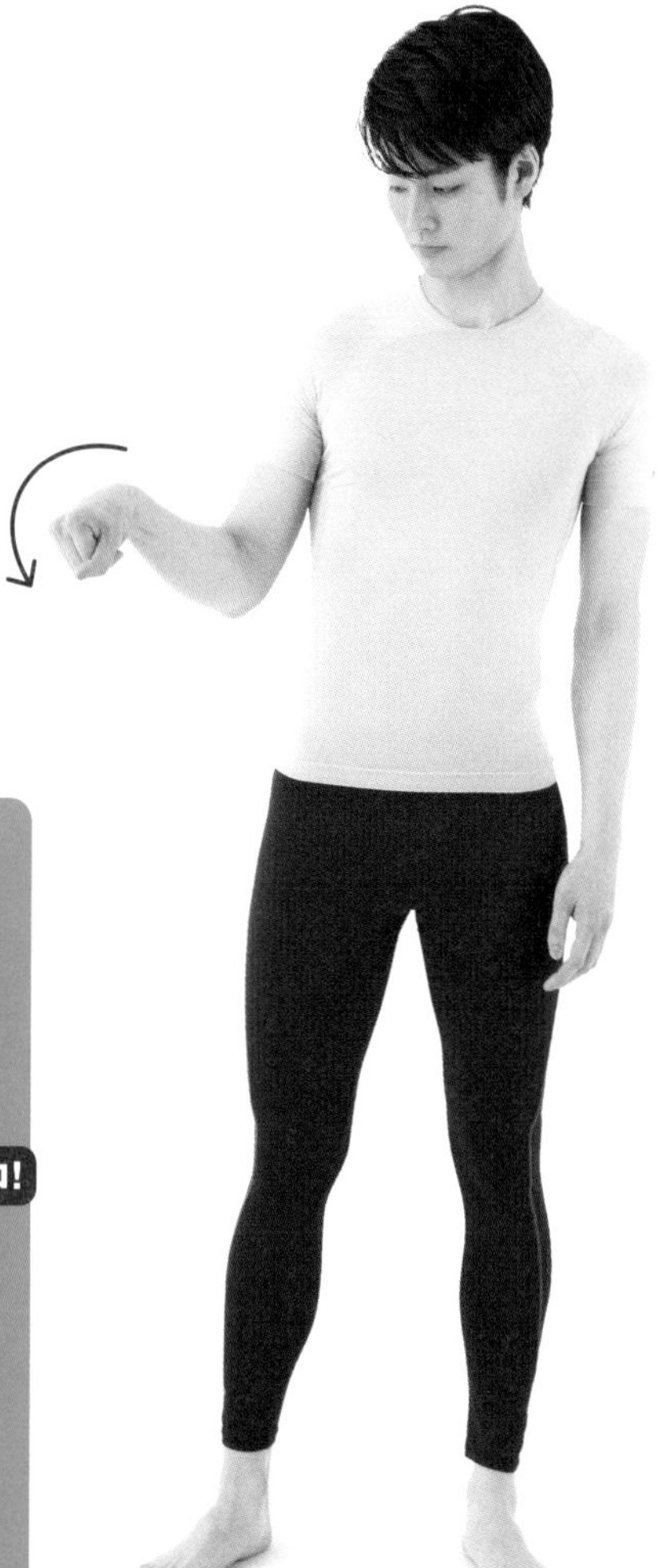

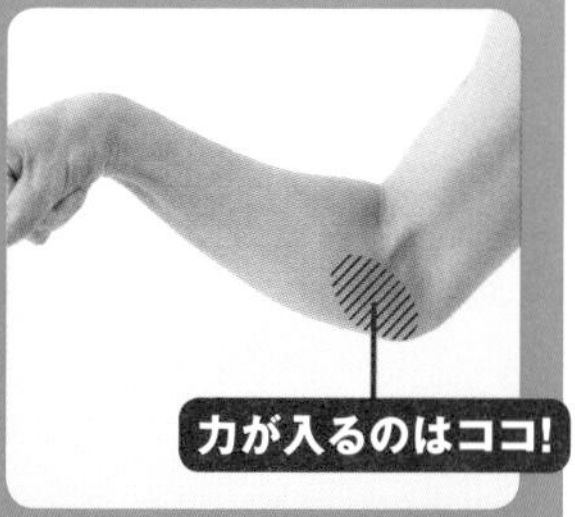

前腕の内側

橈側手根屈筋は、ひじの内側（二の腕の骨の下端の内側）から、最終的には手のひら側の人差し指・中指の根元まで伸びている。この範囲にきちんと力を入れるように意識すると効果的！

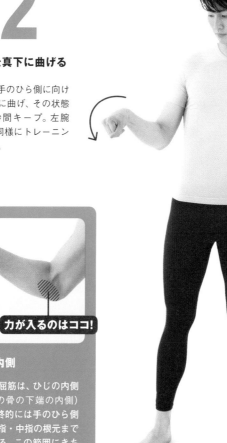

手首・指周りのサボリ筋 2

尺側手根屈筋トレーニング

手首や指の外側（小指側）を支えているのが「尺側手根屈筋」という筋肉。手首をひねる動作や、物をつかんだりする能力がアップ！

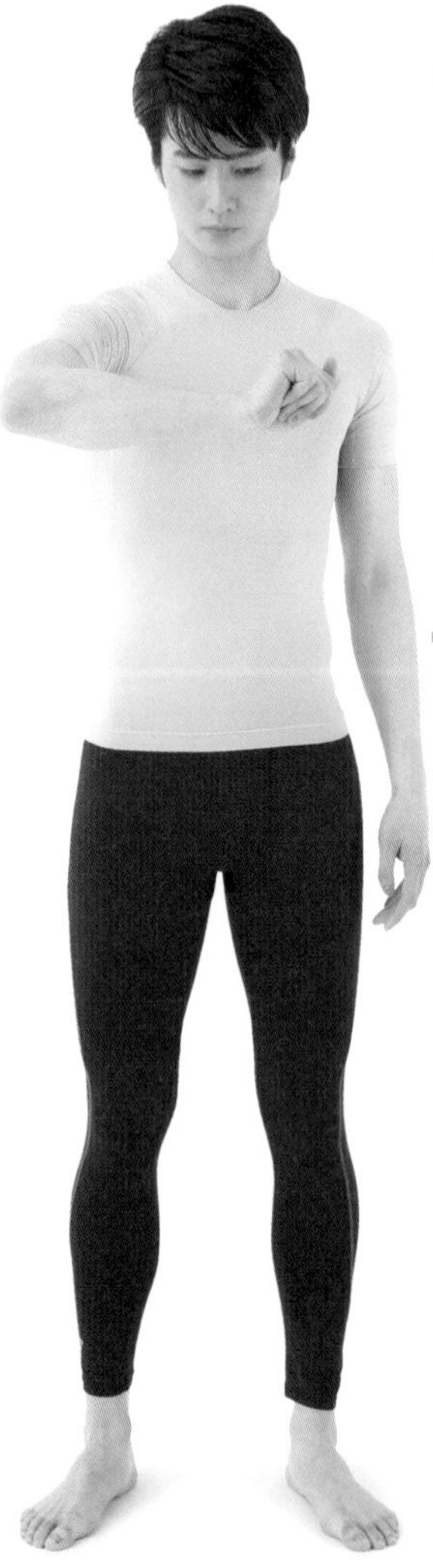

1

胸の前の高さで、手を「グー」にする

肩幅程度に両脚を開いて立ち、右腕を軽く曲げ、胸の前の高さで手のひらを前方に向けてから、「グー」の形を作る。

POINT

「グー」の形を作る際、人差し指〜小指の4本指は第2関節を曲げて第1関節を伸ばし、親指は人差し指の上から押すようにすること。

※写真は、右側の尺側手根屈筋をトレーニングする場合

2

手首を真正面に曲げる

手首を手のひら側の前方真正面に曲げ、その状態を10秒間キープ。左腕でも、同様にトレーニングする。

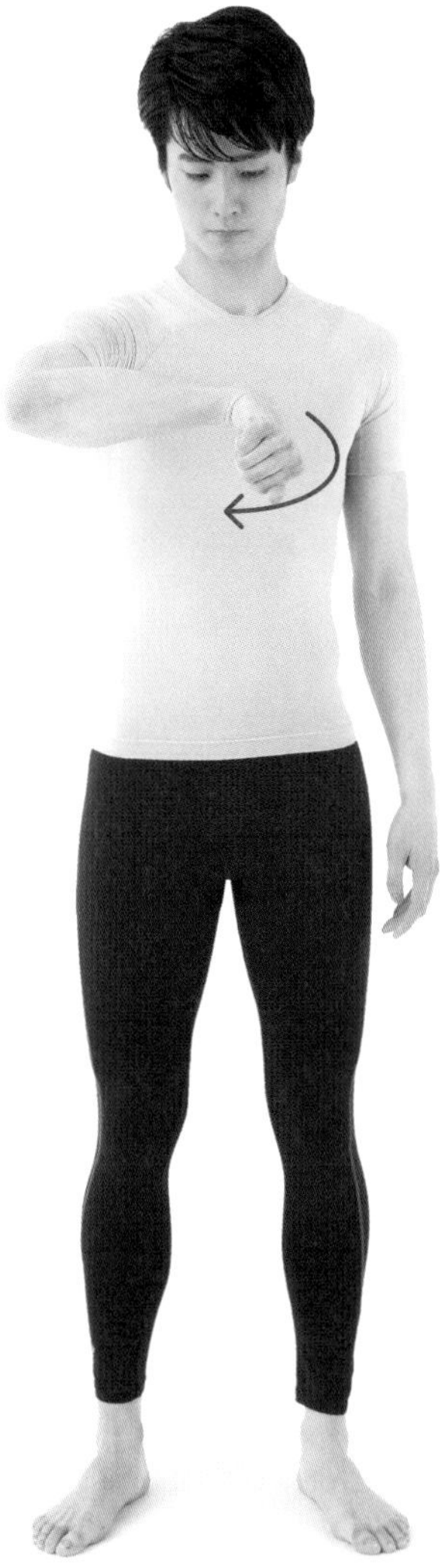

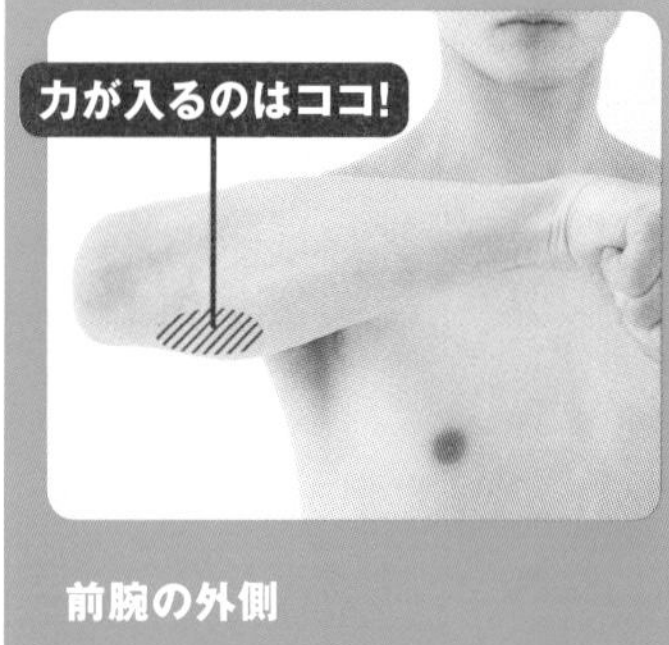

前腕の外側

尺側手根屈筋は、ひじの内側（上腕骨下端の内側）から、最終的には手のひら側の小指の根元などにまで伸びている。この範囲にきちんと力を入れるように意識すると効果的！

腰・股関節周りのサボリ筋 1

腸腰筋トレーニング

股関節のつけ根にある筋肉「腸腰筋」は、腰・股関節を前側で支える筋肉。太ももを高く上げる能力、腰や股関節の安定性がアップする！

1

床に座って足裏を合わせ、脚を開く

骨盤を立てて背すじを伸ばして座り、両足の裏をピタリと合わせ、両ひざを外側に開いて太もも・ふくらはぎで正方形を作る（左下の写真も参照）。

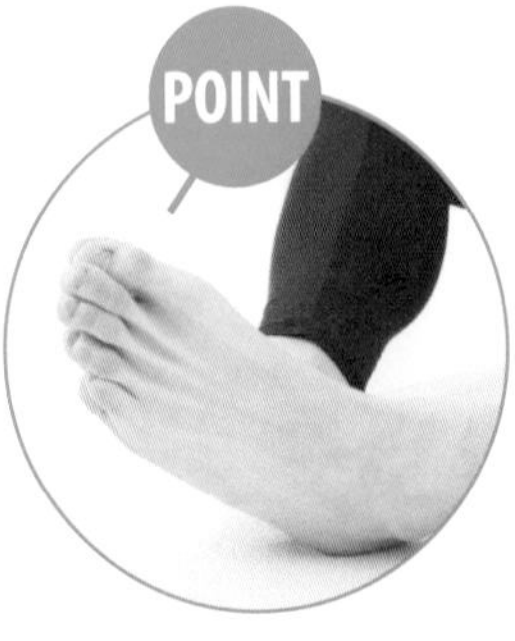

左右の足の裏をピタリと合わせる。指先はできるだけ上を向くようにする。

2

上半身を前方に倒す

首〜腰のラインを真っ直ぐにしたままで上半身をできるだけ前傾させ、その状態を10秒間キープ。

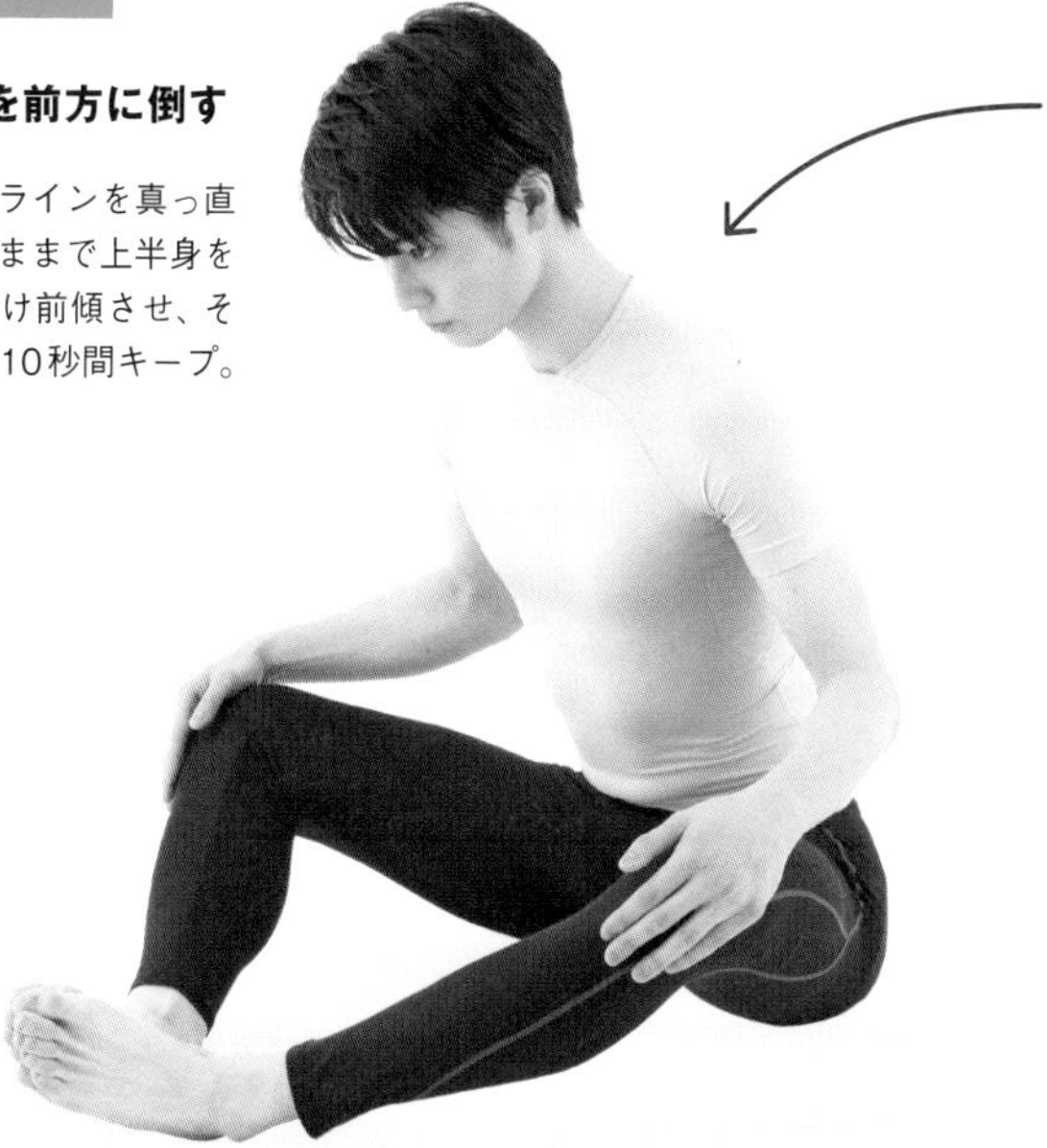

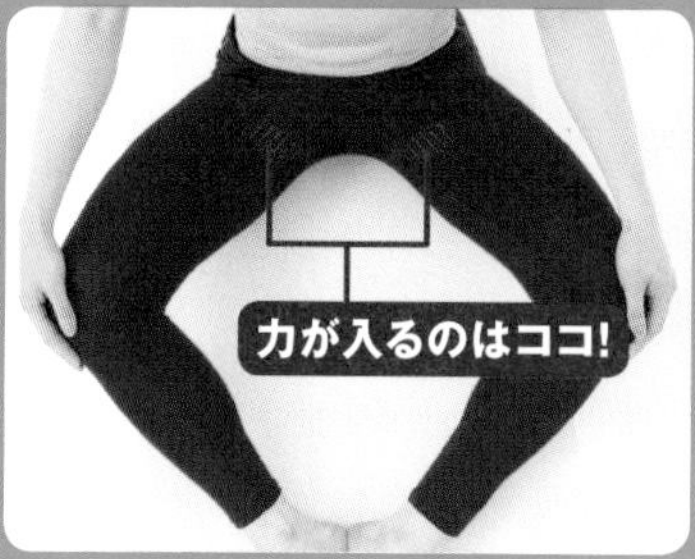

下腹部の左右両側

腸腰筋は、背骨の腰部分（腰椎）・骨盤の内側（腸骨の内側）から、左右の太もも骨（大腿骨《だいたいこつ》）のつけ根まで伸びている。この範囲にきちんと力を入れるように意識すると効果的！

腰・股関節周りのサボリ筋 2

多裂筋・腹横筋トレーニング

「多裂筋」や「腹横筋」は、腰・股関節を後ろ側で支える筋肉。腰や股関節の安定性がアップする！

1

床に横向きに寝て、手のひらを上に向ける

体の右側を上にして、胸を張りながら横になり、右腕は前方に伸ばして手のひらを上に向ける。

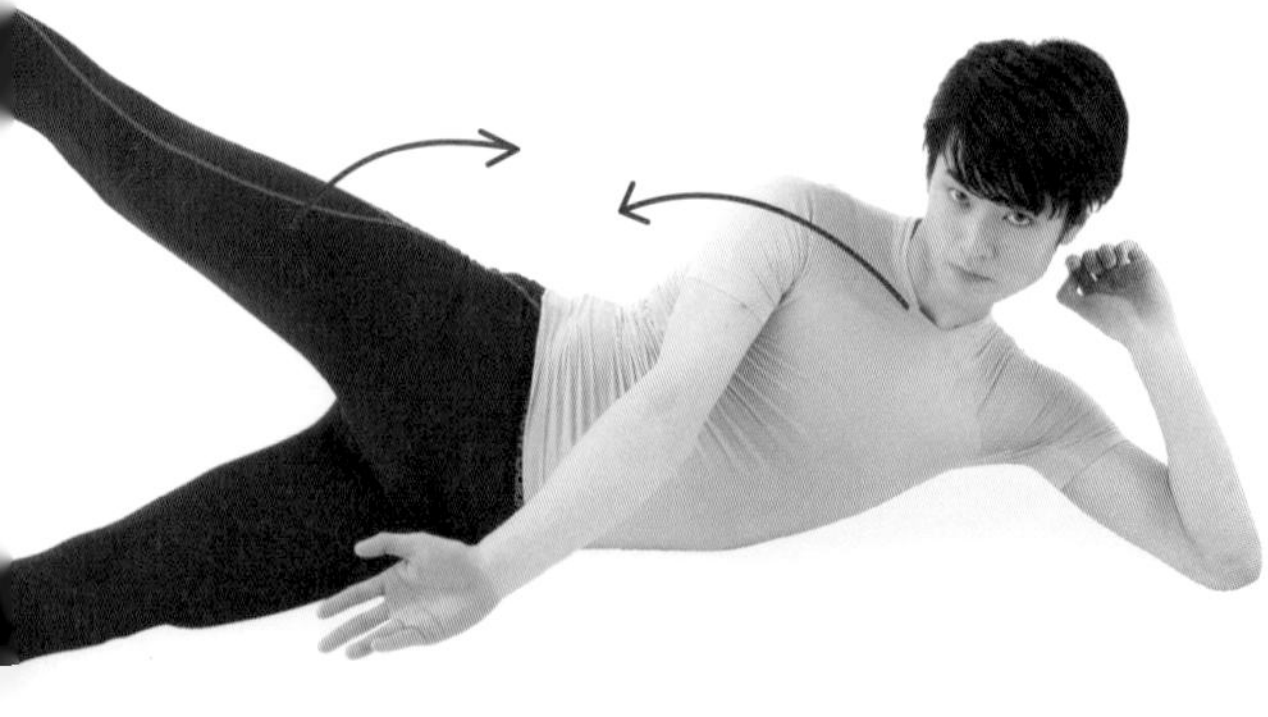

※写真は、右側の多裂筋・腹横筋をトレーニングする場合

脚を引っ張り上げるときは、上から見て「人」の字ができるように足を前後にして上げること。

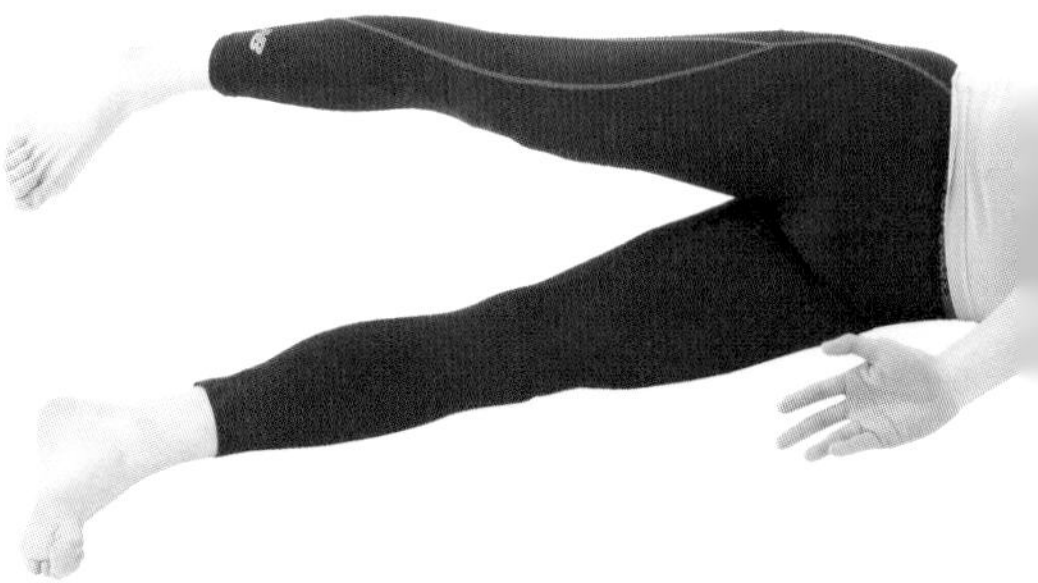

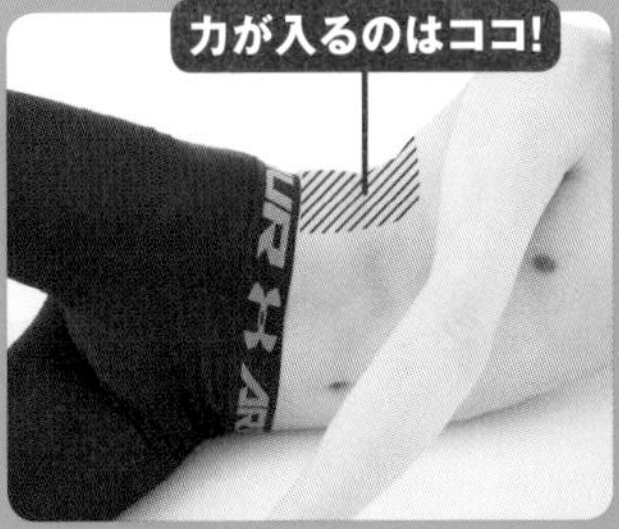

お腹の側面と腰周り

腹横筋はお腹の左右を広く覆うようにあり、多裂筋は背骨の後ろ側にある。この範囲にきちんと力を入れるように意識すると効果的！

2

脇腹を縮めるように脚と上半身を上げる

右足のつま先を下に向け脚は斜め後ろに、上半身は肩を骨盤に近づけるイメージで引っ張り上げる。その状態を10秒間キープ。左側でも、同様にトレーニングする。

内側ハムストリングストレーニング

太ももの内側・後ろ側にある「内側ハムストリングス」は、ひざを後ろ側で支える筋肉。地面を強く蹴って前へ素早く動く能力がアップ！

1

床に座って、片脚を前に出す

骨盤を立てて背すじを伸ばして座り、手を後ろの床について上半身の重みを支えつつ、右脚を軽く前方に出す。左脚のひざは、約90度に曲げる。

※写真は、右側の内側ハムストリングスをトレーニングする場合

2

両脚で押し合う

左の足裏に、右足のかかとをつけ、「右かかとを体に引き寄せる」「それを左足で押さえる」という状態を10秒間キープ。左右を入れ替えて、同様にトレーニングする。

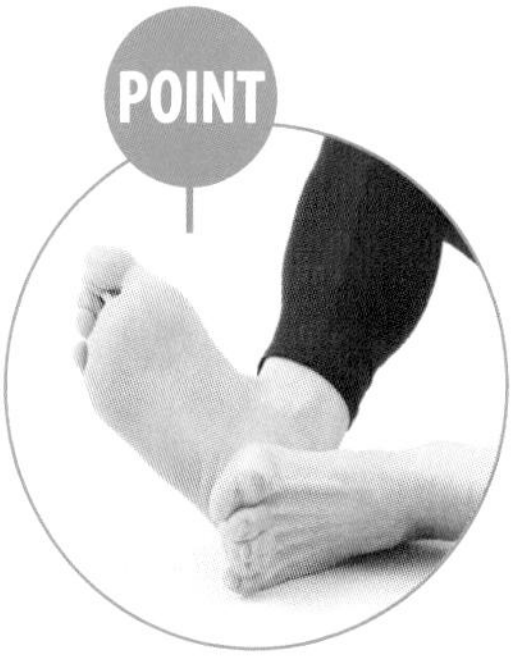

トレーニングする右足のかかとは床につけ、足裏は横向きにして、つま先は上に向けること。

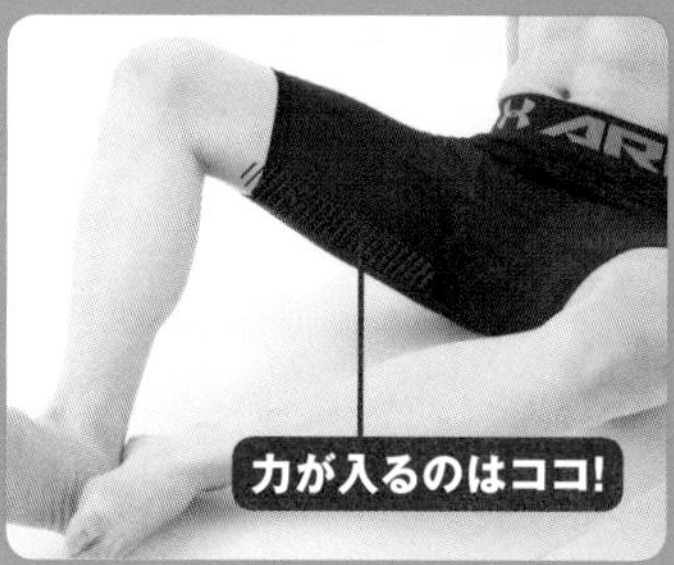

太もも内側の後ろ側

内側ハムストリングスは、骨盤の左右の下端(坐骨)から、左右の太もも内側の裏を通り、すねの内側の骨(脛骨《けいこつ》)の上端内側まで伸びている。この範囲にきちんと力を入れるように意識すると効果的!

ひざ周りのサボリ筋 2

内転筋トレーニング

太ももの内側にある「内転筋」は、ひざの前側を間接的に支える筋肉。地面を強く蹴って左右へ素早く動く能力、ひざの安定性がアップする！

1

床に寝て両ひざを立て、片足のつま先を内側に向ける

両手のひらを上に向けながら、床に仰向けに寝て両ひざを立て、右足のつま先だけを内側に向ける。

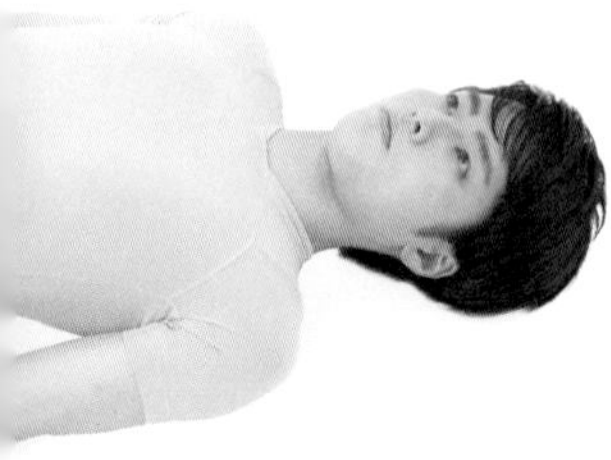

2

お尻を上げる

両ひざ・両足の位置は動かさずに、両ひじ・両足のかかとを支点にして、内転筋で引き上げるようにお尻を上げた状態を10秒間キープ。左右を入れ替えて、同様にトレーニングする。

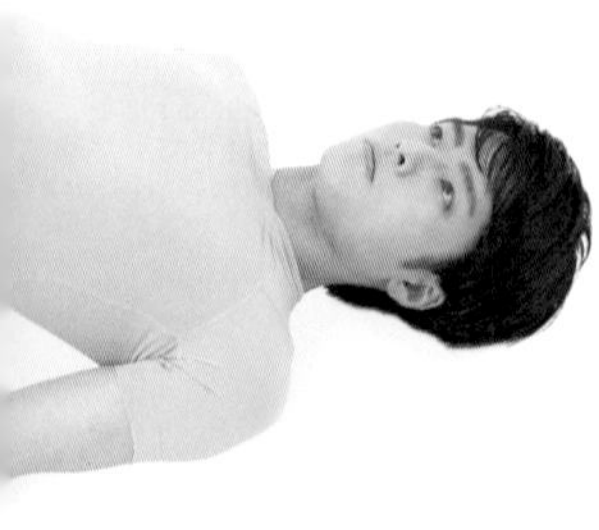

※写真は、右側の内転筋をトレーニングする場合

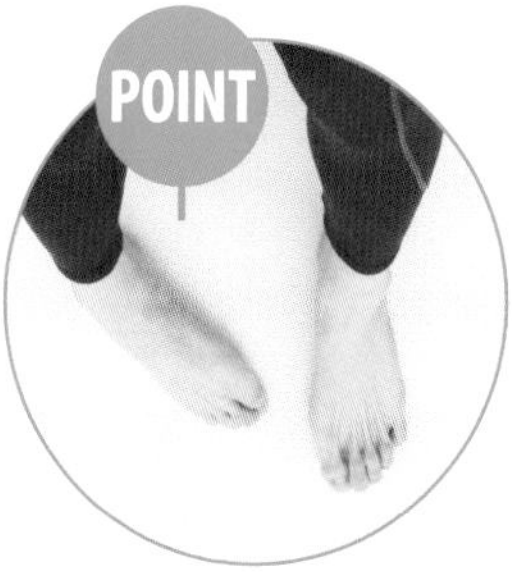

トレーニングする右足の
つま先は内側に向ける。
かかとと親指は地面から
浮かないように注意。

力が入るのはココ!

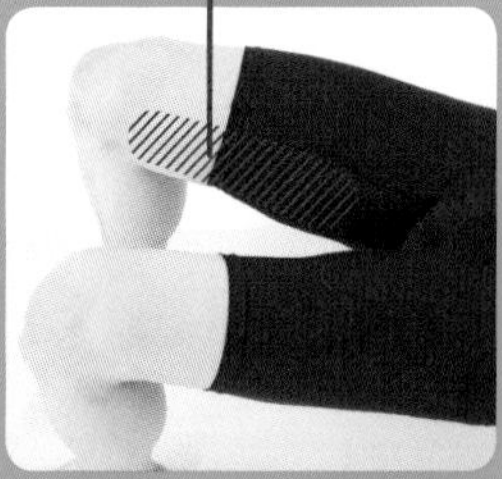

太もも内側全体

内転筋は、骨盤の左右（坐骨・恥骨《ちこつ》）の下端から、左右の太もも内側を通り、太ももの骨（大腿骨）に幅広く伸びている。この範囲にきちんと力を入れるように意識すると効果的！

足首周りのサボリ筋 1

後脛骨筋トレーニング

すねの内側にある「後脛骨筋」は、足首を内側で支える筋肉。足裏での重心の取り方、地面・床との接触感覚、足首の安定性がアップする！

1

床に座って片脚を伸ばし反対の足のかかとをふくらはぎと床につける

骨盤を立てて背すじを伸ばして座り、手を後ろの床について上半身の重みを支える。左脚を前方へ真っ直ぐ伸ばす。右脚を曲げ、かかとを左脚ふくらはぎと床につけて、つま先を上に向ける。

※写真は、右側の後脛骨筋をトレーニングする場合

2

かかとの位置はズラさずに、つま先を内側へ最大限に倒す

右足首を真っ直ぐ伸ばし、つま先を左脚のほうに最大限倒した状態を10秒間キープ。左右を入れ替えて、同様にトレーニングする。

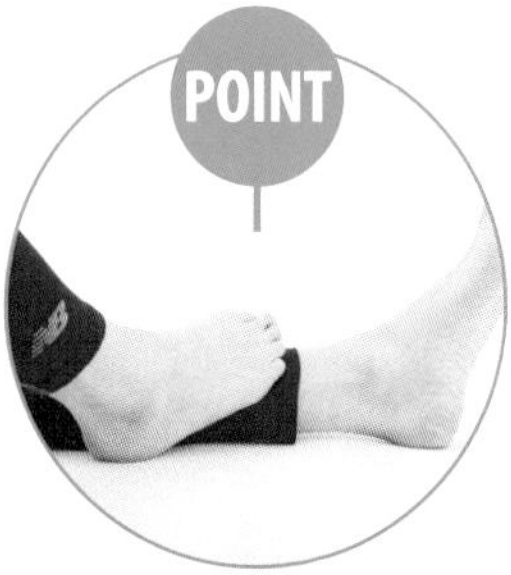

右足のかかとを左足と床につけたまま、右足つま先を内側に倒す。右足裏の中心あたりで左足のすねを上から押さえるように行うこと。

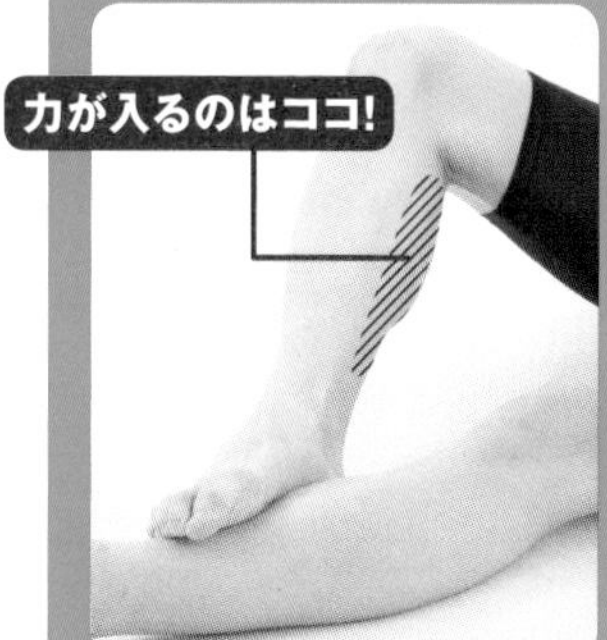

ふくらはぎの内側

後脛骨筋は、すねの内側の骨（脛骨）の上のほうの内側から、ふくらはぎの内側を通り、最終的には足指の根元などにまで伸びている。この範囲にきちんと力を入れるように意識すると効果的！

足首周りのサボリ筋 2

腓骨筋トレーニング

すねの外側にある「腓骨筋」は、足首を外側で支える筋肉。後脛骨筋とセットで鍛えて、安定した足首を手に入れよう！

1

**床に座って
片ひざを内向きに立て、
つま先を上げる**

骨盤を立てて背すじを伸ばして座り、手を後ろの床について上半身の重みを支える。右ひざを立てて軽く曲げてから少し内側に入れ、つま先を上に向ける。左脚は楽にする。

※写真は、右側の腓骨筋をトレーニングする場合

2

ひざ・かかとの位置はズラさずに、つま先を外側へ倒して床を押す

ひざ・かかとの位置はズラさずに、親指のつけ根で床を10秒間押す。左右を入れ替えて、同様にトレーニングする。親指は、すねのラインから真っ直ぐの位置に。

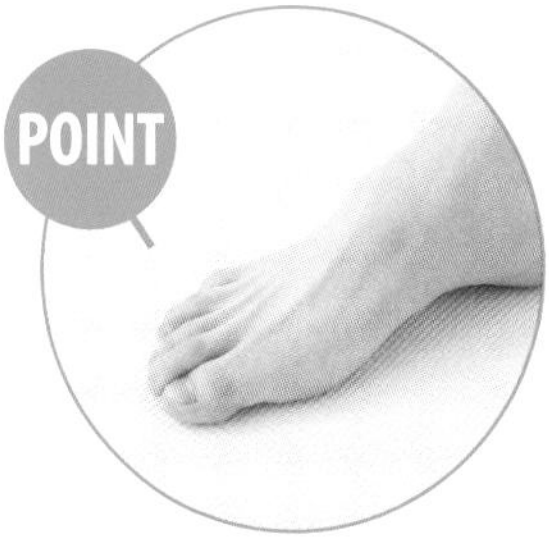

足指が反ると腓骨筋ではなく、腓《ひ》腹《ふく》筋《きん》（ふくらはぎ）に力が入るので、足指は軽くグーに握る。

すねの外側

腓骨筋は、すねの外側の骨（腓骨）の上のほうから、すねの外側を通り、最終的には足指の根元などにまで伸びている。この範囲にきちんと力を入れるように意識すると効果的！

第２章

「サボリ筋トレーニング」が効くメカニズム

「筋肉を使う割合」が理想の状態に変わり、トレーニングをしたその場で運動能力アップ！

サボリ筋トレーニングとは、文字通りにサボっている筋肉を鍛えることです。

その一方、これまでサボリ筋をフォローするために過剰に働いてきた筋肉＝ガンバリ筋があることについては、第1章でご説明しました。

そのガンバリ筋は、〝本来果たすべき仕事量〟を超えた働きをしたことで緊張し、硬くなっています。しかしここで、弱くなっているサボリ筋をトレーニングすると、サボリ筋とガンバリ筋の「筋肉を使う割合」が変わり、サボリ筋がきちんと仕事をこなせるようになるため、今まで過剰に働いていたガンバリ筋は自動的に緩むのです。

そして、このように**筋肉の使う割合が理想の状態になると、体を大きくも小さくも、速くも遅くも、つまりは自由自在に操れる多様性がもたらされ、大幅なパフォーマンスアップにつながります。**

しかも、サボリ筋トレーニングは、根本的な運動能力の向上においても優れた変化をもたらします。

そもそも、運動するための筋力の強弱は、筋肉の太さや量だけで決まるわけではありません。

実は、脳からの「働け」という指令の頻度も多大に影響していて、弱くなっているサボリ筋にピンポイントでアプローチすることにより、**生理学的には10秒のトレーニングをしたその場で、運動能力にかかわる筋力が上がっているのです。**

サボリ筋トレーニングをしてすぐ背筋力アップ！

体力測定／男性・10代

ある中学2年生の男子生徒がサボリ筋トレーニングを行う前後で背筋力を測定したところ、トレーニング前は104kgだったのですが、サボリ筋トレーニングを行った直後の測定では128kgに。たった10秒で20kg以上も数値が跳ね上がりました。

この効果は一時的なものではなく、サボリ筋トレーニングを続けていけば、筋肉の太さや量も右肩上がりになっていきます。ということは、相乗的な運動能力向上のスパイラルも継続していくことになるわけです。

そのためにはやはり、サボリ筋トレーニングを適切に行う必要があります。

そこで、基本的なやり方については第1章でご紹介しましたが、本章ではより詳しい「実践のポイント」を、関連する筋肉の説明と併せてお伝えしていくことにします。

前鋸筋トレーニング（24ページ）のここがスゴイ！

肩・背中・腕のトラブルを防ぎ、肩～腕全体の力をフルに発揮できるように！

「前鋸筋《ぜんきょきん》」は両脇の下にあり、肩甲骨《けんこうこつ》を「前」で支えて安定させ、その名の通り「鋸（ノコギリ）」のような形をしている筋肉です。

腕を「前に突き出すとき」「大きく振り下ろすとき」など、肩甲骨を外側に開き、体の前～上の範囲に腕を動かすときに主に働きます。**肩甲骨と肋骨《ろっこつ》から構成される関節（肩甲胸郭関節《けんこうきょうかくかんせつ》）を動かす際に、重要な働きをしている筋肉です。**

この前鋸筋がサボっている＝サボリ筋になると、その働きをカバーしようと、前鋸筋の上に位置していて、同じような働き

肩甲骨周りの
サボリ筋
ガンバリ筋
その❶

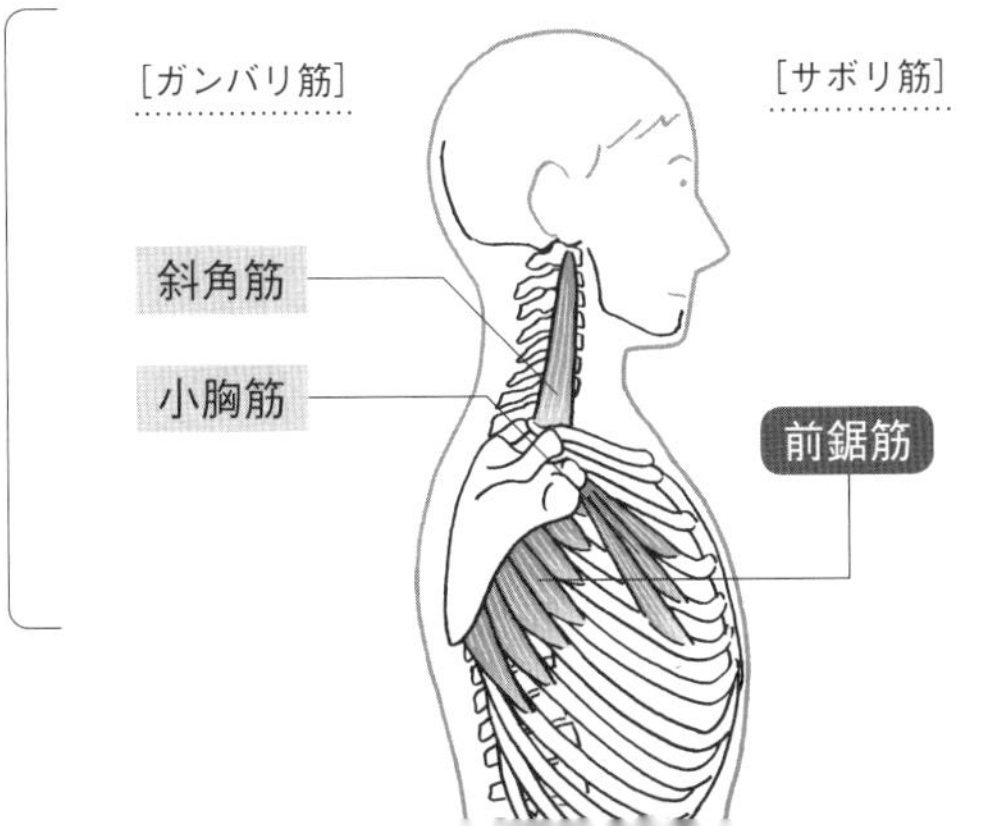

をしている「小胸筋《しょうきょうきん》」という筋肉が過剰に働き、ガンバリ筋になってしまいます。

すると、**肩甲骨が外側に引っ張られやすく、肩が前方に位置する「巻き肩」になっていきます。**同時に、その悪影響は背骨の首〜胸の部分（頸椎《けいつい》・胸椎《きょうつい》）にも連鎖して、本来あるカーブが失われて真っ直ぐになっていきます。いわゆる**「ストレートネック」になりやすいということです。**

こうなると、背骨の首の部分（頸椎）と肋骨の間にある「斜角筋《しゃかくきん》」という筋肉も余計に引っ張られ、緊張・硬化して首コリを引き起こしやすくなります。

さらに、肩甲骨が外側に引っ張られることで、肩甲骨と背骨の間にある「菱形筋《りょうけいきん》（次項参照）」までも、緊張したり硬くなったりしやすくなります。

こうした状況が起これば、**パフォーマンスアップが叶いづらいどころか背中の突っ張るような痛み、腕のしびれや痛みなども現れやすくなります。**

だからこそ、働き方が弱くなっているサボリ筋＝前鋸筋のトレーニングが必要になるわけです。正しいフォームで行えば、今お話しした筋肉すべてのバランスが取れ、肩〜腕全体の力の入り具合が変わってきます。

ただし、下の写真にあるように、ポイントのズレたやり方をしてしまうと、前鋸筋のトレーニングにならないうえ、ガンバリ筋をさらに頑張らせてしまうことになるので、気をつけるようにしてください。

NG 前鋸筋トレーニング

肩が上がったり手のひらが床を向いたりすると、首・肩など他の筋肉に力が入ってしまう

菱形筋トレーニング（26ページ）のここがスゴイ！

菱形筋をピンポイントに鍛える最高メソッド 肩甲骨の安定&動きの活性化に加え、視野拡大も！

「菱形筋」は、背骨の胸の部分（胸椎）と、左右の肩甲骨との間にあり、肩甲骨を「後ろ」で支えて安定させる筋肉です。

その名の通り、ひし形の形をしていて、**肩甲骨を内側に寄せ、腕を下～後ろの範囲に動かすときに主に働きます。**

この菱形筋がサボってしまうと、肩甲骨を内側に寄せる動きができなくなります。そこで、その動きをできる別の筋肉が頑張り始めます。それが、背骨の首の部分（頸椎）と、左右の肩甲骨の間にある「肩甲挙筋《けんこうきょきん》」という筋肉です。そして、**肩甲挙筋の緊張・硬化が、首のつけ根～肩の後ろの範囲のコリ・痛みにつな**

肩甲骨周りの サボリ筋 ガンバリ筋 その❷

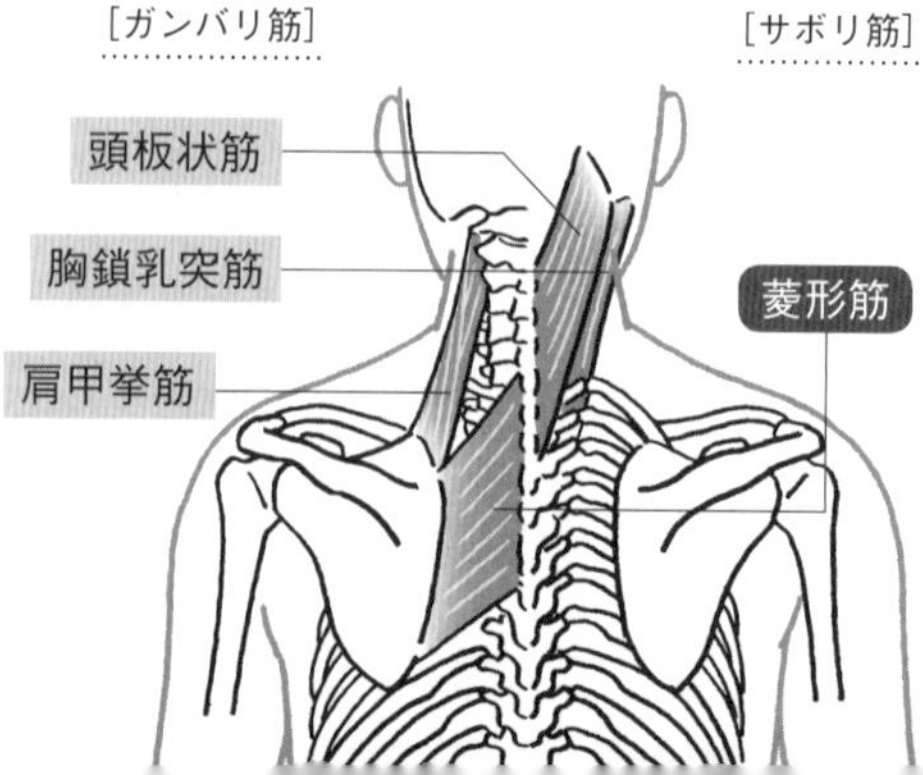

がっていきます。

また、菱形筋がサボリ筋になり、肩甲骨の動きが悪くなると、首を左右にひねるときなどに「胸鎖乳突筋《きょうさにゅうとつきん》」「頭板状筋《とうばんじょうきん》」という筋肉が余計に働く必要が出てきます。

胸鎖乳突筋は胸の正面にある骨（胸骨《きょうこつ》）と鎖骨から側頭部（側《そく》頭骨《とうこつ》）にかけてあり、頭板状筋はおおよそ背骨の首と背中の部分（頸椎と胸椎）から後頭部（後頭骨《こうとうこつ》）にあります。これらの筋肉も、きわめてガンバリ筋になりやすいわけです。

例えば、首を左にひねるとき、本来は左の菱形筋が働き、左の肩甲骨を内側に寄せる動きが生まれるのですが、そのメカニズムが働かないことによって、右の胸鎖乳突筋・左の頭板状筋が過剰に働く必要が出てくるということです。

そして、動きとしては、**横や後ろに振り向けなくなるのですから、「視野が狭くなる」「状況判断が遅くなる」など、プレーの質が落ちるのは言わずもがなでしょう。**

NG 菱形筋トレーニング

ひじが曲がったり、手のひらが自分のほうを向いたりすると、肩・腕に力が入り、効果が出ない菱形筋のトレーニング法はよく目にしますが、それらのほとんどは菱形筋を単独で鍛えているものではなく、他の筋肉にもかなりの力が入るものになっています。そのため、ガンバリ筋をさらに酷使することもあり、成果が現れにくいのですが、**このサボリ筋トレーニングでは菱形筋をピンポイントに鍛えられます。**

ひじを曲げてしまったり肩を前方に動かしてしまったりしないよう、正しいフォームでサボリ筋トレーニングをして、効果を結果につなげましょう。

肩甲下筋トレーニング（28ページ）のここがスゴイ！

腕を振り下ろすときのパワー＆正確性アップ！

「肩甲下筋《けんこうかきん》」は、非常に深いところにある深層筋（インナーマッスル）で、肩甲骨の前面を広く覆い、肩関節（肩甲上腕関節《けんこうじょうわんかんせつ》）の前側を支えています。

肩関節が脱臼しないように働くとともに、肩を内側にひねったり、腕を上から振り下ろしたりするときに働く筋肉でもあります。

この筋肉がサボり始めると、「小胸筋」「烏口腕筋《うこうわんきん》」「上腕二頭《じょうわんにとう》筋《きん》」という筋肉は同時に硬くなっていきます。

なぜなら、肩甲下筋と同じく、これら3つの筋肉はすべて肩関節のすぐそば、肩甲骨の突起部分（烏口突起《うこうとっき》）の周辺にくっつ

肩周りのサボり筋 その❶ ガンバリ筋

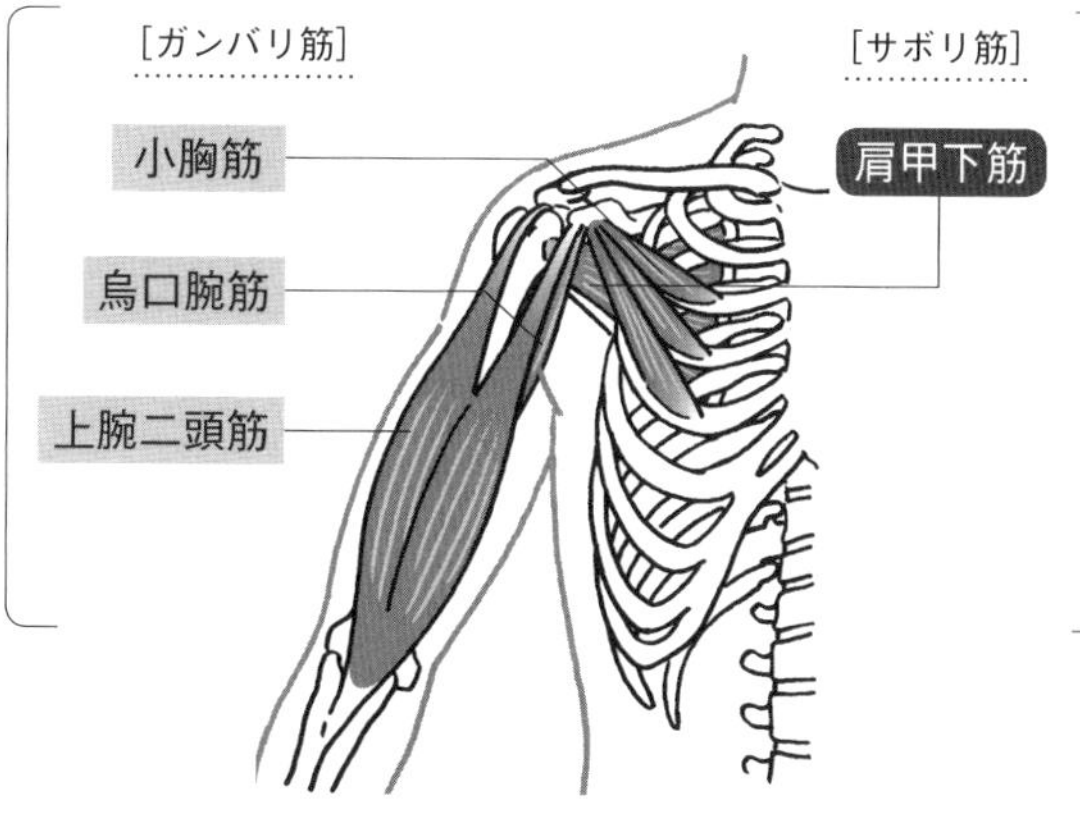

いていて、同時に働くことにより、肩を内側にひねるという肩甲下筋のサボリ具合をフォローしようとするからです。

ところが、小胸筋・烏口腕筋・上腕二頭筋にとって、肩を内側にひねらせるための動きは〝本来のメインの動き〟ではありません。そのために、**過剰に働いてガンバリ筋になり、緊張・硬化してしまうと、「巻き肩」にもなってしまいます。**

そこで、サボっている肩甲下筋にトレーニングを施すと、過剰に頑張っている小胸筋・烏口腕筋・上腕二頭筋は自動的に緊張・硬化状態から解放されてきます。

さらに、肩をはさむようにして肩甲下筋の反対側にあり、反対の作用も担う「上腕三頭筋《じょうわんさんとうきん》」のトレーニング（30ページ参照）も行うと、肩周りの筋力バランスは理想的な状態になり、**投球動作などで大幅なパフォーマンスアップが期待できます。**

NG 肩甲下筋トレーニング

肩やひじが上がったり、手のひらが内側（体側）を向いたりすると、肩甲下筋ではなく首・肩・背中に力が入ってしまう

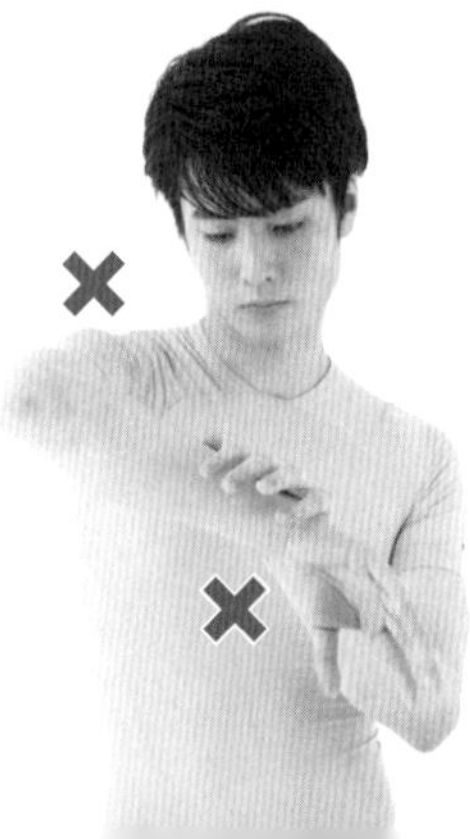

ちなみに、肩を内側にひねるうえで肩甲下筋と前鋸筋は、共同筋《きょうどうきん》として密接な関係があるので、前鋸筋のトレーニング（24ページ参照）もいっしょに実践すると、肩関節のパフォーマンスアップにとても有効です。

特に、「投力」の飛躍的向上に有益なのですが、その点については第6章で詳しくお話しすることにします。

上腕三頭筋トレーニング（30ページ）のここがスゴイ！

腕の振りを大きくしたいなら、このトレーニング！
肩周りの筋力バランスを理想の状態に調整

「上腕三頭筋」は、肩甲骨や二の腕の骨（上腕骨《じょうわんこつ》）からひじまで伸びています。ひとことで言えば、二の腕の後ろ側にある筋肉です。

この筋肉の主な働きとしてよく知られているのは、「ひじを伸ばす」という機能です。ただし実際は、**肩を外側にひねるときに重要な役割を果たしていて、肩関節（肩甲上腕関節）の後ろ側を支えている筋肉なのです。**

ですから、上腕三頭筋がサボってしまうと、肩の外旋《がいせん》の動きを補う筋肉が余計に頑張ることになり、緊張・硬化していきます。

それが、肩甲骨の後ろ側にあり、肩甲骨の内側から上腕骨へ

肩周りの
サボリ筋
その❷
ガンバリ筋

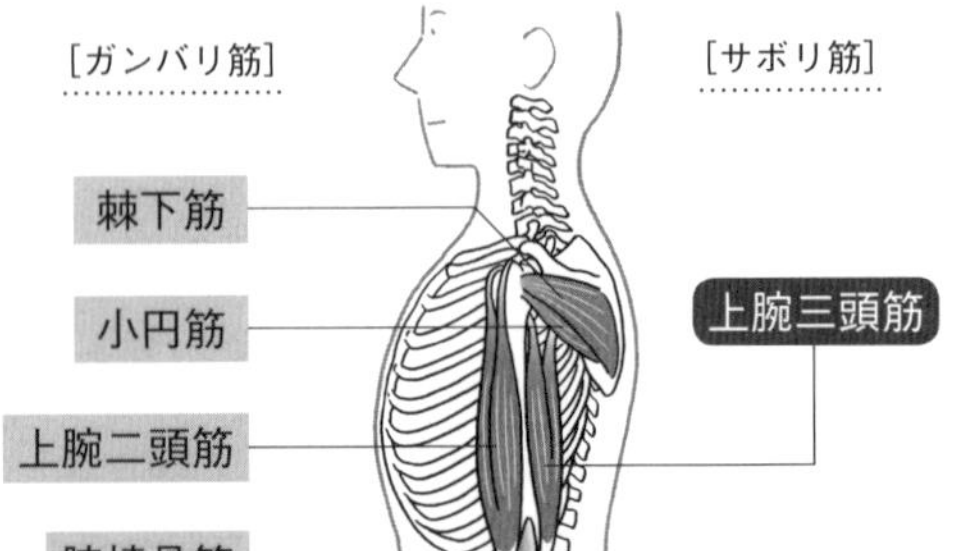

横向きに伸びている「棘下筋《きょくかきん》」と「小円筋《しょうえんきん》」です。

右下にあるイラストを見ると、棘下筋と小円筋が収縮すれば、肩を外側にひねる動きが生み出されることがご理解いただけるかと思います。

また、上腕三頭筋がサボって肩を外側にひねりにくくなると、ひじ関節の外側をまたいでいる筋肉「腕橈骨筋《わんとうこつきん》」を使って、その動きをしようとすることもあります。するとやはり、この筋肉がガンバリ筋になり、突っ張ってしまいます。

さらに、上腕三頭筋は、肩～腕を大きく振り上げるときにも働く筋肉です。ですから、上腕三頭筋がサボり始めると、その働きをする別の筋肉もガンバリ筋になってしまいます。それが、二の腕で力こぶをつくる筋肉「上腕二頭筋」です。

これらの筋肉が疲弊し硬化すると、**肩の安定性はかなり低下**

NG 上腕三頭筋トレーニング

腕を伸ばすときに肩の位置が前に動くと、首・肩などの前側の筋肉に力が入ってしまうのでNG

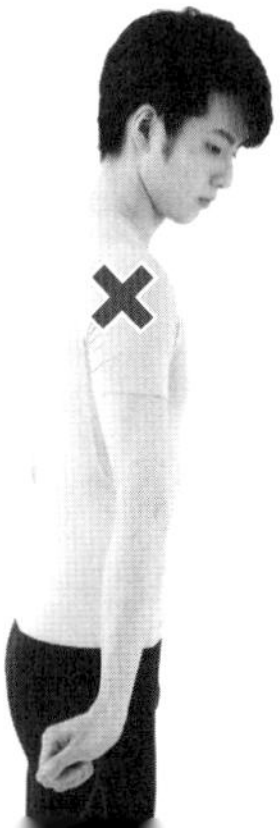

し、腕を大きく振り上げることがキツくなってしまいます。

だからこそ、**〝トラブルの大もと〟になっている上腕三頭筋の状態を改善する必要があります。**

なお、この上腕三頭筋は、肩を外側にひねる際に「共同筋」として働く菱形筋（56ページ参照）ととても密接な関係にあります。

そのため、菱形筋のトレーニング（26ページ参照）も併せて行うと、肩関節のパフォーマンスアップに非常に有効になります。

橈側手根屈筋トレーニング（32ページ）のここがスゴイ！

一般的にはマイナーだが、手の運動能力向上に必須 前腕の親指側の筋肉を鍛えるメリットは大きい！

前腕には、親指側にある長い骨＝「橈骨《とうこつ》」と、小指側にある長い骨＝「尺骨《しゃっこつ》」があります。「橈側手根屈筋《とうそくしゅこんくっきん》」は、ひじの内側＝二の腕の骨（上腕骨）の下端の内側から、前腕の親指側（橈骨側）を通り、最終的には手のひら側の人差し指・中指の根元まで伸びていて、手首や指の内側（親指側）を支えている筋肉です。

この筋肉は、手首の安定にはもちろんのこと、**手首を手のひら側に曲げたり、手首を内向きにひねったり、ピンチ動作＝親指・人差し指で物をつまむ動作をしたりする際には〝メインの筋肉〟として働きます。**

手首・指周りの サボリ筋 ガンバリ筋 その❶

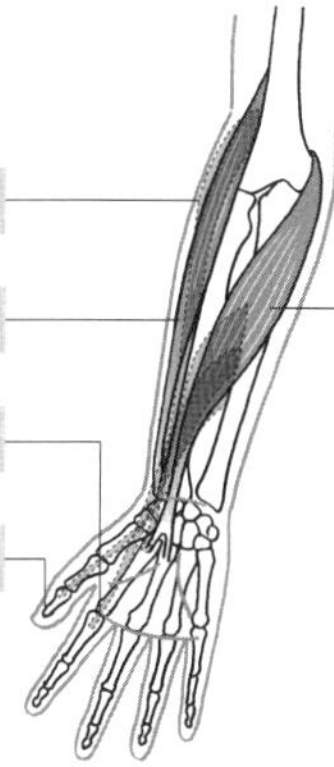

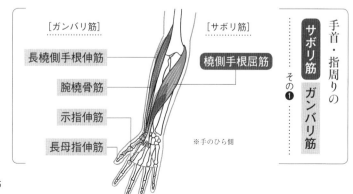

この橈側手根屈筋がサボリ筋になってしまうと、**体はひじを動かすことで弱点をフォローし始めます。**手首を手のひら側に曲げられなくなるので、ひじを使ってパワーを補おうとするからです。

特に、ひじの外側にあって、強い力を生み出せる「腕橈骨筋」を使うことが多くなります。その結果、この筋肉はガンバリ筋になり、緊張・硬化を強いられるのです。

また、その腕橈骨筋のすぐ隣にある「長橈側手根伸筋《ちょうとうそくしゅこんしんきん》」という筋肉も過度に働きやすく、突っ張ってしまいます。すると、ひじの外側だけが太くなり、内側は細いという、いびつな前腕の状態にもなります。当然、**手首を手のひら側に曲げたり、手首を内向きにひねったりすることもキツくなります。**

さらに、橈側手根屈筋がサボリ筋になり、親指側の複数の筋

NG 橈側手根屈筋トレーニング

手首を曲げるときに自分の胸のほうに曲げてしまうと、力が入らなかったり、腕の外側などの筋肉に力が入ったりしてしまうのでNG

肉が生み出すべき筋力がどんどん落ちてくると、人差し指がきちんと曲がらなくなってきます。

　こうした「親指を閉じる動きが低下した状態」でピンチ動作をしていると、人差し指を伸ばす筋肉（示指伸筋《じししんきん》）が突っ張る、親指を伸ばす筋肉（長母指伸筋《ちょうぼししんきん》）が過剰に使われて緊張・硬化するという不具合が起こり、**振ったり打ったりする力が弱くなってしまうのです。**

　ですから、橈側手根屈筋のトレーニングをするときは、とにかく手首を手のひら側へ真下に曲げ、前腕の内側に力が入るように注意しながら行いましょう。

尺側手根屈筋トレーニング（34ページ）のここがスゴイ！

握力を即上げたいなら、まずはこのトレーニング ハンドグリップを続けても握力は上がらない！

前項の橈側手根屈筋とは反対に、前腕の小指側にある長い骨＝「尺骨」に沿うように伸びているのが「尺側手根屈筋《しゃくそくしゅこんくっきん》」です。

この筋肉は、手首の安定・強さに加え、ドアノブをひねるように手首を返す際に動き、とりわけ**握力の度合いにとても強く関与しているだけに、“手を使うスポーツ”では決して軽視できない筋肉です。**

この筋肉がサボってくると、ひじを伸ばしたときに前腕が外へねじれやすくなったり、前腕の骨（尺骨）自体の位置も外へズレやすくなったりします。

手首・指周りの サボリ筋 その❷ ガンバリ筋

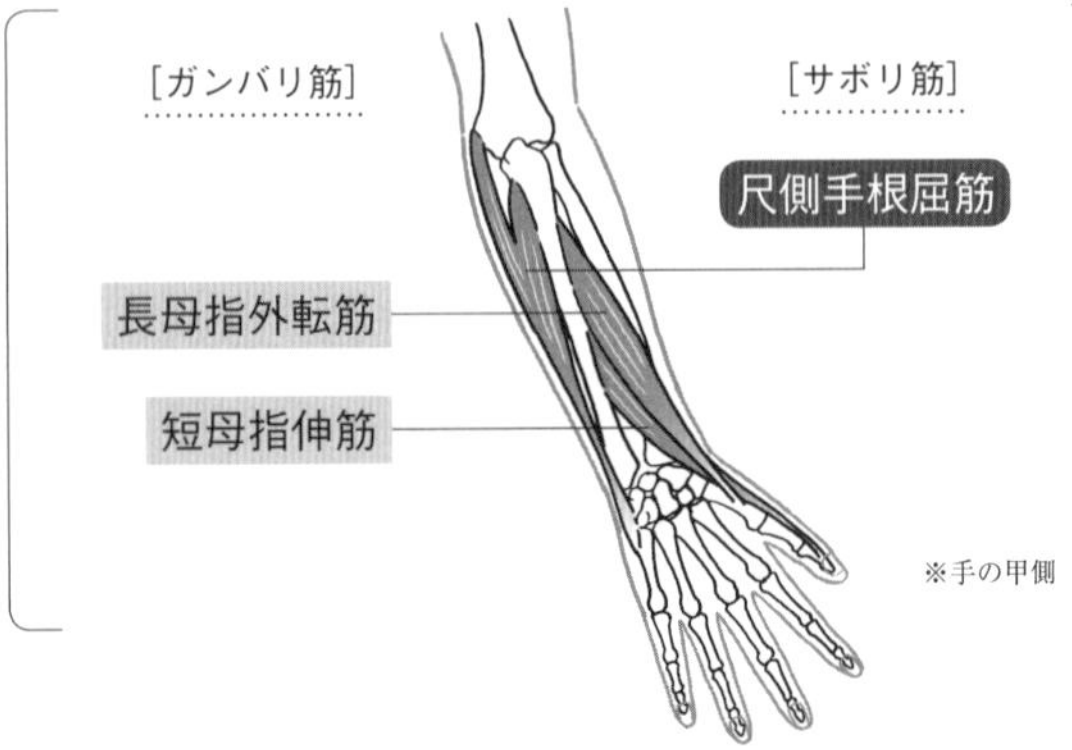

もちろん、体はそうならないように反応するわけですが、そのために頑張りすぎてしまうのが「長母指外転筋《ちょうぼしがいてんきん》」という筋肉です。また、その長母指外転筋のすぐ隣にある「短母指伸筋《たんぼししんきん》」という筋肉も、余計に働いて緊張・硬化しやすくなります。すると、手を握る動作である握力の低下ばかりか、手・指を開く「パー」の動作までしづらくなったり、**バネ指になりやすくなったり、手首の小指側の慢性的な痛みの原因（TFCC損傷）になったりもします。**

また、手首の関節は8個の骨（手根骨《しゅこんこつ》）から構成されているのですが、ひじの内側から伸びている「尺骨神経《しゃっこつしんけい》」という神経が、手根骨の間（小指側）を通っています。この神経は、小指や薬指の感覚をつかさどるうえ、手の中の筋肉を支配しています。その機能が**尺側手根屈筋のサボリ筋化のせいで邪魔されるため、握力にはてきめんに悪影響が現れてしまうということです。**

NG 尺側手根屈筋トレーニング

手首を自分の体や床のほうに曲げてしまうと、尺側手根屈筋に力が入らず、ひじなどの筋肉に力が入るので注意

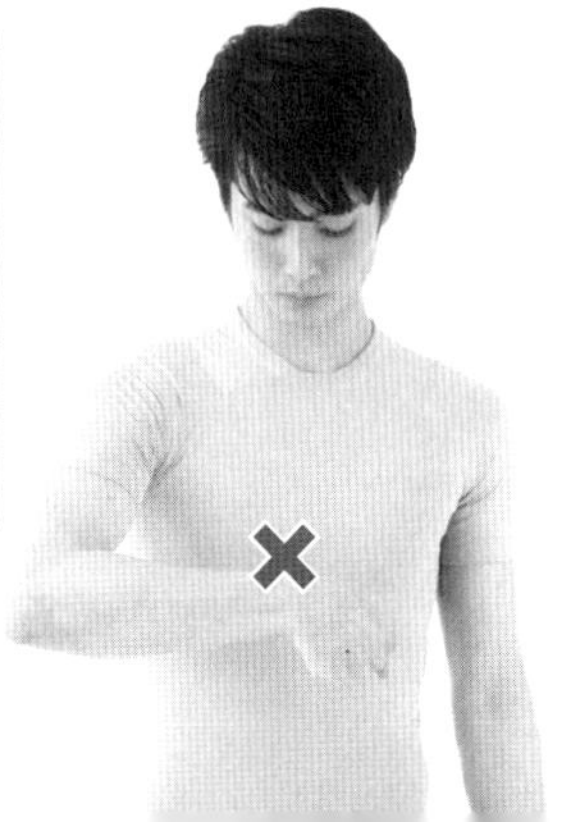

腸腰筋トレーニング（36ページ）のここがスゴイ！

腰の前側を支える筋肉のトレーニングで、「走力」の停滞や低下を克服！

「腸腰筋《ちょうようきん》」とは、「大腰筋《だいようきん》」「小腰筋《しょうようきん》」「腸骨筋《ちょうこつきん》」という3つの筋肉から構成される筋肉複合体の総称です。腰・股関節《こかんせつ》の前側を支える代表的な深層筋（インナーマッスル）と言えます。

大腰筋は、背骨の腰部分（腰椎《ようつい》）から左右の股関節のつけ根（小転子《しょうてんし》）の上端まで伸びています。小腰筋は、その大腰筋から分かれて埋もれるようにしてあり、大腰筋の補助的な役割をしています。そして、残る腸骨筋は、骨盤の内側から左右の股関節のつけ根まで伸びています。

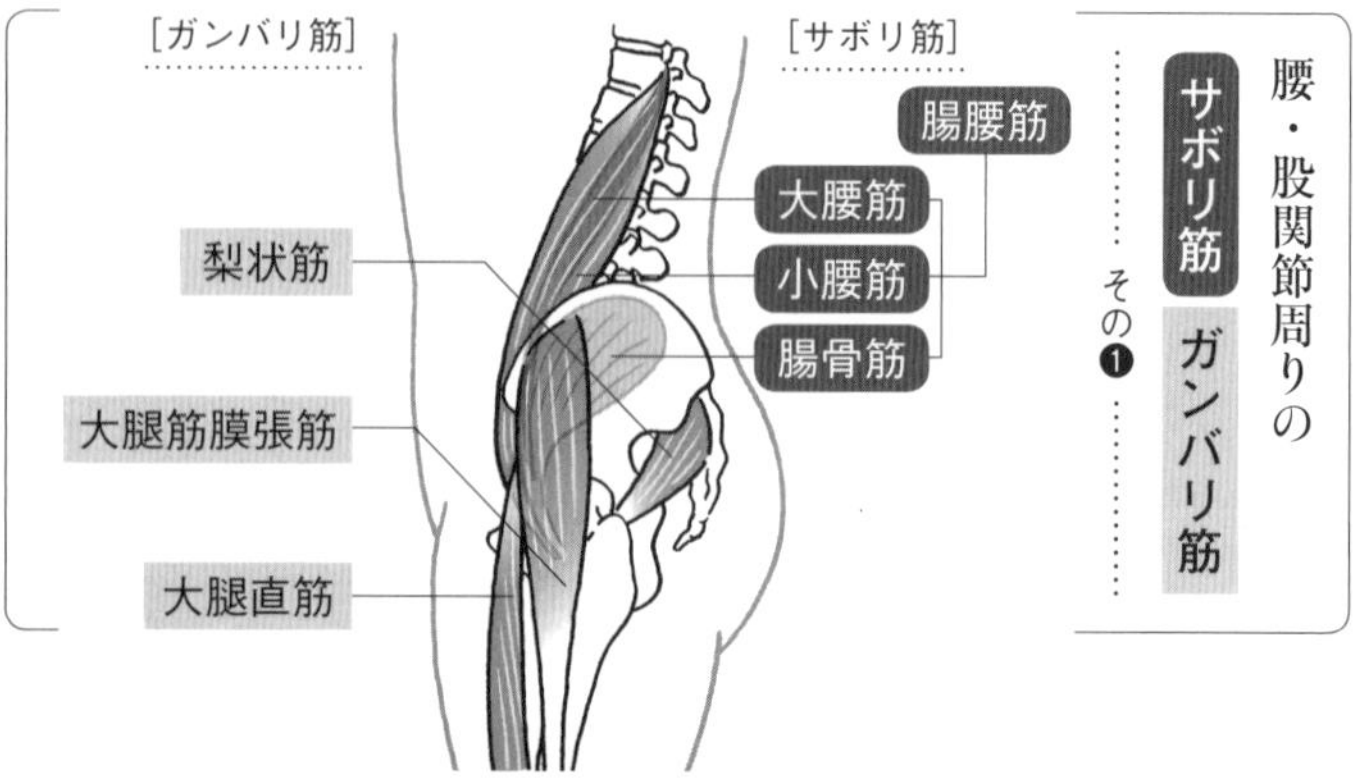

いずれにしても、**腸腰筋の主な働きとして挙げられるのは、①「股関節を曲げて太もも（脚）を持ち上げる」、②「股関節を外側に開く」ということです。**

その腸腰筋がサボってくると、①の働きをフォローするために、太ももの斜め前にある「大腿筋膜張筋《だいたいきんまくちょうきん》」や、太ももの前側中央にある「大腿直筋《だいたいちょっきん》」などが過剰に働くようになり、ガンバリ筋になります。

それと同時に、腰を前側で支えている腸腰筋がサボると、腰の反対側＝後ろ側で支えている「多裂筋《たれつきん》（次項参照）」も緊張したり硬くなったりしやすくなります。

そして、**これらの筋肉が緊張・硬化することによって、骨盤が前傾して反り腰になり、腰の痛みも現れやすくなります。**

また、②の働きも落ち、前述した大腿筋膜張筋には股関節（脚）を閉じる働きもあることから、総じて内股傾向になり、**歩**

NG 腸腰筋トレーニング

腰〜背中が丸まると、腰・太ももなどの筋肉に力が入るので注意。かかとの位置が股に近すぎて太もも・ふくらはぎで正方形を作った形がひし形になるのもNG

いたり走ったりするときに横に揺れるような〝ムダな動き〟が生まれてしまうのです。

さらに、②の働きをフォローするために、お尻のほぼ中央の最深部で左右にある「梨状筋《りじょうきん》」が過剰に働いてガンバリ筋になり、**お尻全体が硬くなることもパフォーマンス低下につながってしまいます。**

腸腰筋のサボリ筋化は、非常に多くのスポーツ・運動にかかわる「走力」の停滞や低下に大きな影響がありますから、積極的にトレーニングしていきましょう。

多裂筋・腹横筋トレーニング（38ページ）のここがスゴイ！

腰の横・後ろ側を支える筋肉を鍛えて、骨盤のバランスをベストな状態に

「多裂筋」は、背骨の後ろ側の左右両側にあり、背骨を構成する1つひとつの骨（椎骨《ついこつ》）を安定させたり、腰・上体を反らせたりする働きがあります。

ひとことで言えば、**腰を「最深部の後ろ側」で支えている筋肉ということですが、ここがサボると腰はどんどん丸くなってしまいます。**

その結果、腰を「最深部の前側」で支えている筋肉「腸腰筋（前項参照）」が過剰に働く必要が出てきて、緊張・硬化していきます。

また、「恥骨筋《ちこつきん》」という筋肉は、腸腰筋と同じようなところに

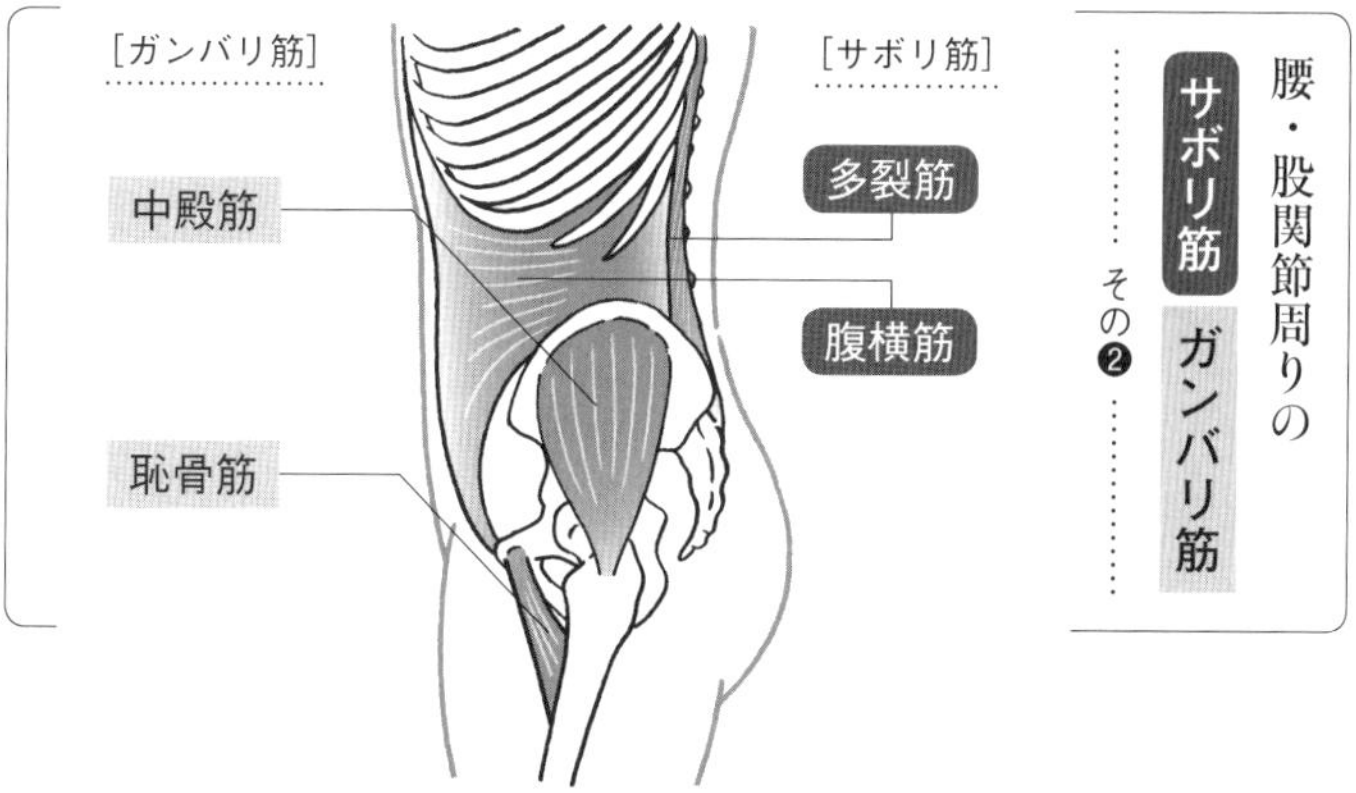

あり、似たような働きもしています。ですから、「多裂筋がサポる→腸腰筋に負荷がかかる」という流れの影響をまともに受けてガンバリ筋になり、緊張・硬化しやすくなります。

一方の「腹横筋《ふくおうきん》」は、お腹の最深部の左右両側を広く覆うようにあり、**腰や体幹を安定させるためには特に重要で、呼吸機能にもかかわっている筋肉です。**先ほどお話しした多裂筋については、腰（骨盤）を「前後の観点」からご説明しましたが、今度は「左右の観点」からみてみましょう。

すると、**腰の骨盤を左右水平に保つためには、骨盤左右のほぼ真横にある「中殿筋《ちゅうでんきん》」や、上半身と骨盤をつなぐように左右真横にある筋肉＝腹横筋がきちんと働く必要があるとご理解いただけると思います。**

腹横筋については「お腹を引っ込める作用」ばかりが説明され

NG 多裂筋・腹横筋トレーニング

つま先を上に向けて脚を上げると、腹筋の前面や太ももなど別の筋肉に力が入るのでNG

ていますが、こうして骨盤を引き上げる（＝助骨を引き下げる）作用を見逃してはいけません。

ここで腹横筋が働かずサボリ筋になってしまうと、上半身の重さを支えながら、骨盤の水平を保つという〝過重労働〟を中殿筋だけで背負うことになります。すると、**陸上で行うすべてのスポーツにとって重要になる「走る」力が思うように発揮できなくなるのです。**

多裂筋と腹横筋は同時に働く筋肉なので、第3章で紹介する「イスを使って負荷を軽くするアレンジ」も適宜行い、効率的に多裂筋・腹横筋を鍛えましょう。

内側ハムストリングストレーニング（40ページ）のここがスゴイ！

よりスムーズなひざの動きを実現し、ひざトラブルの予防・改善にも効果を発揮！

「内側《ないそく》ハムストリングス」とは、太ももの後ろ側の筋肉の内側にある筋肉群です。

「半腱様筋《はんけんようきん》」「半膜様筋《はんまくようきん》」から構成されている筋肉の総称で、骨盤の左右の下端（坐骨《ざこつ》）から、左右の太ももの内側の裏を通り、すねの内側の骨（脛骨《けいこつ》）の上端内側まで伸びています。

この内側ハムストリングスの主な働きは、**ひざ関節を曲げること（屈曲《くっきょく》）・内側にひねること（内旋《ないせん》）と、股関節を後方に伸ばすこと（伸展《しんてん》）です。**

ひざ周りのサボリ筋ガンバリ筋 その❶

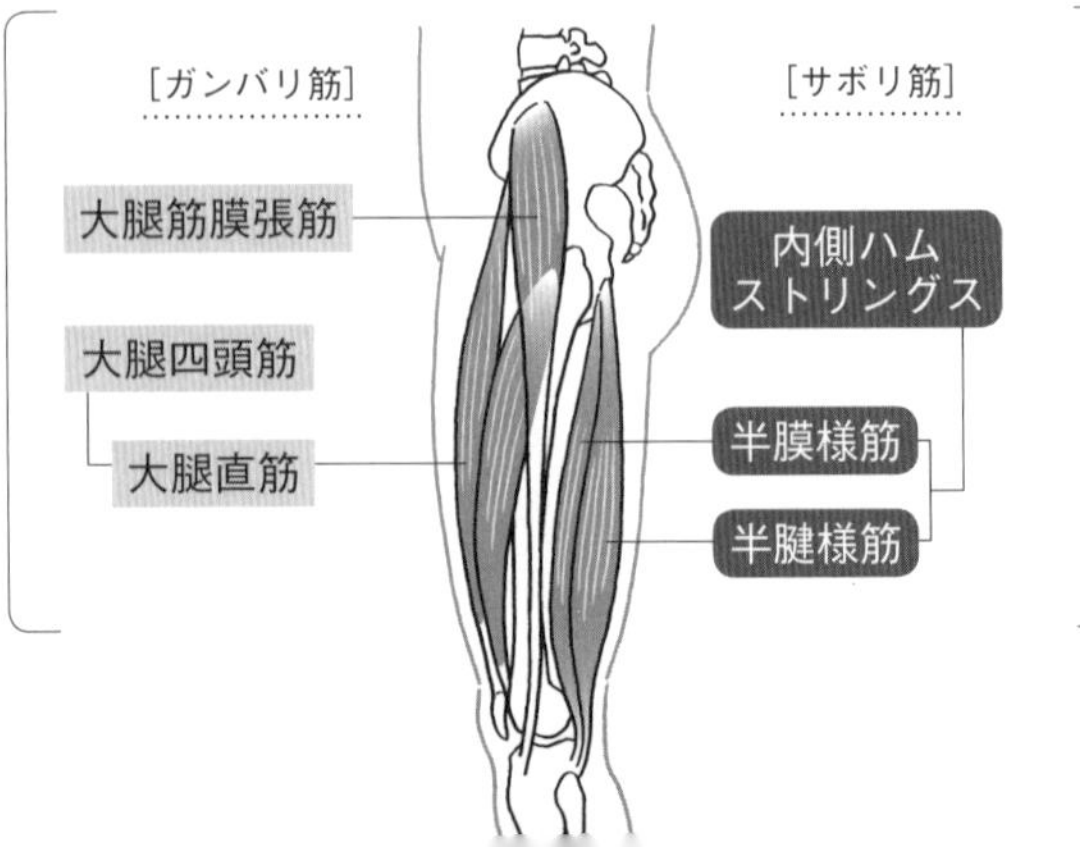

では、内側ハムストリングスがサボるとどうなるかというと、ひざの後ろ側にある筋肉の支えが弱くなるため、ひざの前側にある筋肉＝「大腿直筋（大腿四頭筋《だいたいしとうきん》の中で前面中央にある筋肉）」が過剰に働いて支えなければなりません。

すなわち、これらの筋肉がガンバリ筋になり、緊張・硬化しやすくなります。そして、それらの筋肉が突っ張るため、**ひざの前側や外側に痛みが現れたり、ひざが曲がりにくくなったりすることもよくあります。**

そのほか、内側ハムストリングスがサボり始めると、ひざ関節の屈曲・内旋の動きが悪くなっていくことで、反対の動きに相当するひざの伸展・外旋《がいせん》の動きに作用する大腿筋膜張筋が、過剰に働きやすくなってしまうこともあります。

それもまた、大腿筋膜張筋の緊張・硬化につながっています。

NG　内側ハムストリングストレーニング

足の裏が正面を向いたり、ひざを高く上げすぎたりすると、もも裏の外側の筋肉に力が入るのでNG

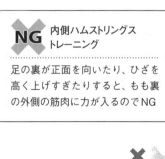

また、この内側ハムストリングスは、腸腰筋といっしょに働く筋肉でもあります。前述した腸腰筋の説明の中で、「腸腰筋がサボると、骨盤が前傾して反り腰になり、腰の痛みが現れやすくなる」とお話ししましたが、**内側ハムストリングスがサボリ筋になったときも、反り腰になって腰の痛みが現れやすくなるのです。**

つまり、内側ハムストリングスをサボリ筋のままにしていると、**パフォーマンスアップが阻まれるうえ、ひざや腰にまでトラブルを招く可能性があるのです。**

第5章では、イスを使って負荷を軽くしたアレンジトレーニングもご紹介しますので、TPOに合わせて、ピンポイントに鍛える習慣をつけてください。

内転筋トレーニング（42ページ）のここがスゴイ!

日常生活で使われにくい「太ももの内側」のサボリ筋トレーニングが絶対に必要である秘密

「内転筋《ないてんきん》」は、骨盤の左右の下端（坐骨・恥骨）から、左右の太ももの内側を通り、太ももの骨（大腿骨《だいたいこつ》）に幅広くついています。

正確にいうと、「大内転筋《だいないてんきん》」「長内転筋《ちょうないてんきん》」「短内転筋《たんないてんきん》」「薄筋《はっきん》」「恥骨筋」といった筋肉から構成される筋肉複合体の総称なのですが、主な働きは股関節の内転と伸展、つまりは、**脚を内側に動かしたり、グーッと後方に持っていったりすることです。**

しかし、内転筋がサボってしまうと、他の筋肉を使うことで、股関節を伸ばさなければなりません。そこでサボっている内転筋をフォローするのは、内転筋と同じく股関節を後方へ伸ばす動きをする、前項でお話しした「内側ハムストリングス」です。

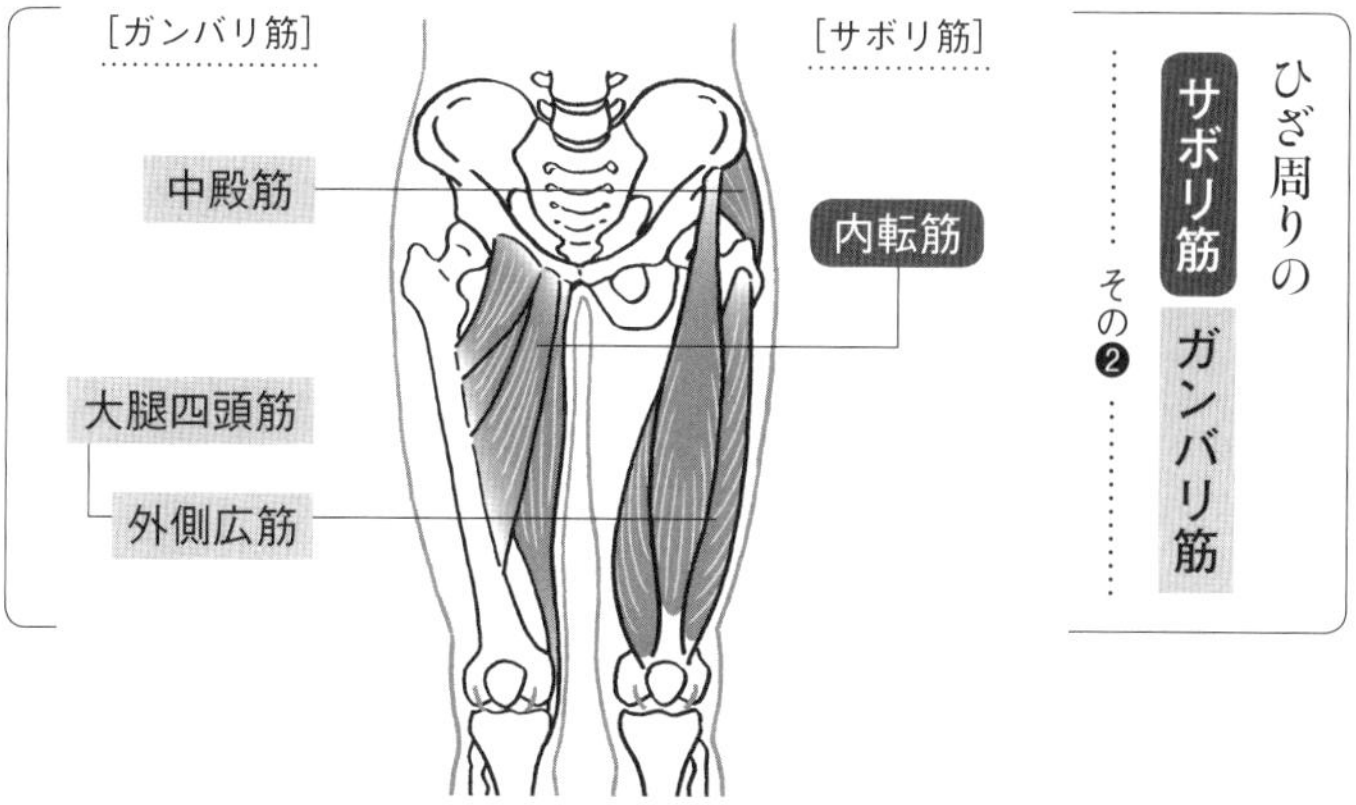

また、**内転筋は、左右の動き・重心バランスにも深く関与していて、腹横筋と共同筋の関係にもあります。**

腹横筋の説明をした際、「腹横筋がサボると、中殿筋だけで骨盤の水平を保つことになる」というお話をしました。これは「腰周りでの左右の重心バランス」のことを言っています。

重心を軸足に寄せようと働く腹横筋がサボっていると、腹横筋の代わりに股関節の外側で中殿筋がガンバリ筋となって支えるということです。

それと同じ状況がひざ周りにも起こり、内転筋がサボってしまうと、ひざ周りに〝外側へスライドするような力〟がストレスとしてかかります。

ですから、内転筋がサボると股関節〜ひざはガニ股になりや

NG 内転筋トレーニング

左右の足の間が離れすぎたり、トレーニングするひざが内側に入ったりすると、太ももの内側ではなく裏やお尻の筋肉に力が入ってしまうのでNG

すく、ひざの外側にある「外側広筋《がいそくこうきん》（大腿四頭筋の中でいちばん外側にある筋肉）」をガンバリ筋として過剰に働かせ、反対のベクトルの力で支えるようになるのです。

この内転筋がサボった状態のままでいると、太ももの内側の筋肉は細く、一方で太ももの外側ばかりが太くなり、アンバランスになります。すると、**一方に大きな力がかかってケガをしないように、体は無意識に力をセーブします**。だから「ここぞ」と**いうときに本来の力が発揮できず、思うような結果が残せないのです。**

内転筋は、個別で鍛えていないと衰えやすい筋肉なので、このトレーニングでしっかりピンポイントに鍛えるようにしていきましょう。

後脛骨筋トレーニング（44ページ）のここがスゴイ！

すねの内側の筋肉を鍛えて、クッション性が高く、地面をしっかりつかめる足に

「後脛骨筋《こうけいこつきん》」は、すねの内側にある筋肉です。すねの内側の骨（脛骨）の上のほうから、ふくらはぎの最も深層の内側を通り、足首を内側から支えています。この筋肉は、**足首を内側の下方向にひねるとき（内返し）**や、**足首を伸ばすとき（底屈《ていくつ》）に働きます。**

ですから、後脛骨筋がサボリ筋になると、足首〜つま先が外側に向きやすくなります。それと同時に、この筋肉の働きが落ちるために、足首を内側の下方向にひねったり、足首を伸ばしたりするための筋肉が、後脛骨筋のサボっているぶんをフォローしようと頑張り始めます。

足首周りのサボリ筋 ガンバリ筋 その❶

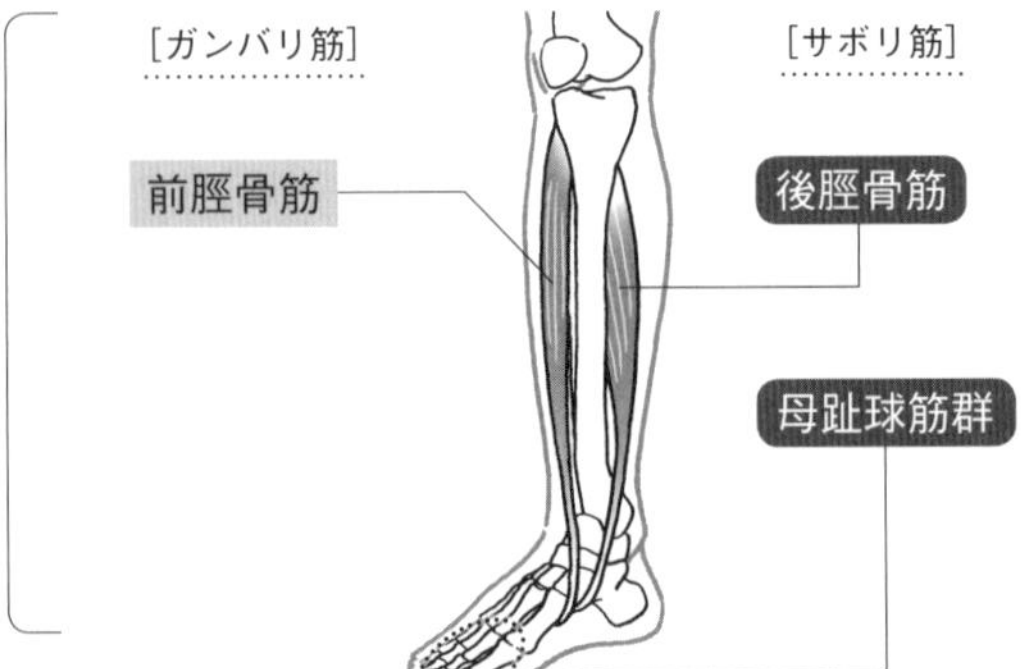

つまり、足首を内側にひねる作用のある「前脛骨筋《ぜんけいこつきん》」がガンバリ筋になり、足首を伸ばす作用のある「腓骨筋《ひこつきん》（次項参照）」も緊張・硬化しやすくなるということです。

そうなると、ふくらはぎ～足首の内側の筋力が弱り、足は親指側の筋肉を使えなくなります。そのため、**後脛骨筋がサボリ筋になると、走る際に地面をしっかりと押し返すことができなくなったり、低い重心で体を支える際にバランスが崩れやすくなったりして、速い・強い力を思うように発揮できなくなるのです。**

また、腓骨筋が過剰に働くようになると足裏のアーチが下がるので、**後脛骨筋がサボリ筋になるということは、土踏まずに力が入らなくなったり、足裏のアーチが下がって扁平足《へんぺいそく》になったりしやすいということでもあります。**

扁平足の傾向が現れると、足裏の筋肉は外側をメインに使う

NG 後脛骨筋トレーニング

かかとが床から離れたりつま先が反った状態で行うと、後脛骨筋に力が入らないので注意

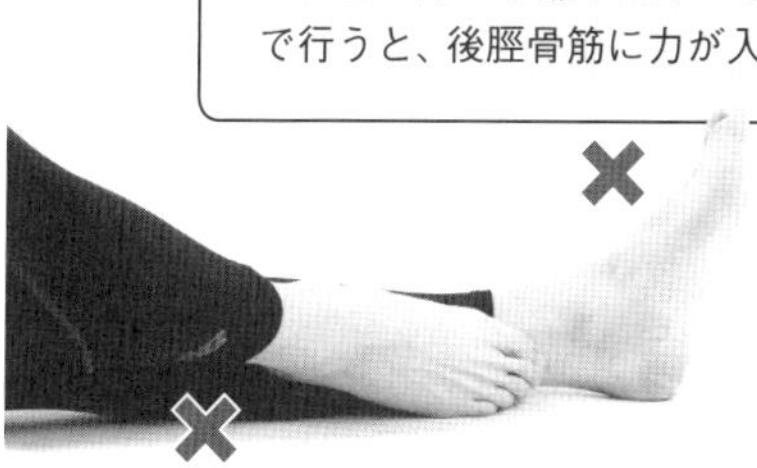

ようになります。

すると、足裏の小指側にある筋肉にも負荷がかかり、緊張・硬化する傾向がありま す。さらに、後脛骨筋がサボっていると外反母趾《がいはんぼし》になりやすくなるので、親指側の低下した筋力を補おうと小指側の筋肉は一層頑張りだすのです。

こうした、足周りの〝負のループ〟を一挙に解消できるが、この後脛骨筋トレーニングなのです。

小指側の筋肉の負担を軽くするには、親指側の筋肉群「母趾球筋群」を鍛えるのも効果的です。第4章で紹介する「母趾球トレーニング」も併せて行ってください。

腓骨筋トレーニング（46ページ）のここがスゴイ！

重心の取り方を改善してアスリートに多発するハイアーチ・足底腱膜炎の問題も撃退！

前項の後脛骨筋の拮抗筋《きっこうきん》である「腓骨筋」は、すねの外側にあり、すねの外側の骨（腓骨）の上のほうから足首まで伸びる、足首を外側から支えている筋肉です。

こちらの筋肉の主な働きは、**足首を外側にひねる外返しの動きや、足首を伸ばす底屈の動きを生み出すことです。**

ですから、腓骨筋がサボると外返しと底屈の力が弱くなるため、そのフォローをする筋肉がガンバリ筋になります。すなわち、外返しをするための「長趾伸筋《ちょうししんきん》」という筋肉や、底屈をするための「後脛骨筋」（前項参照）に過剰な負担がかかるということです。

足首周りのサボリ筋 ガンバリ筋 その❷

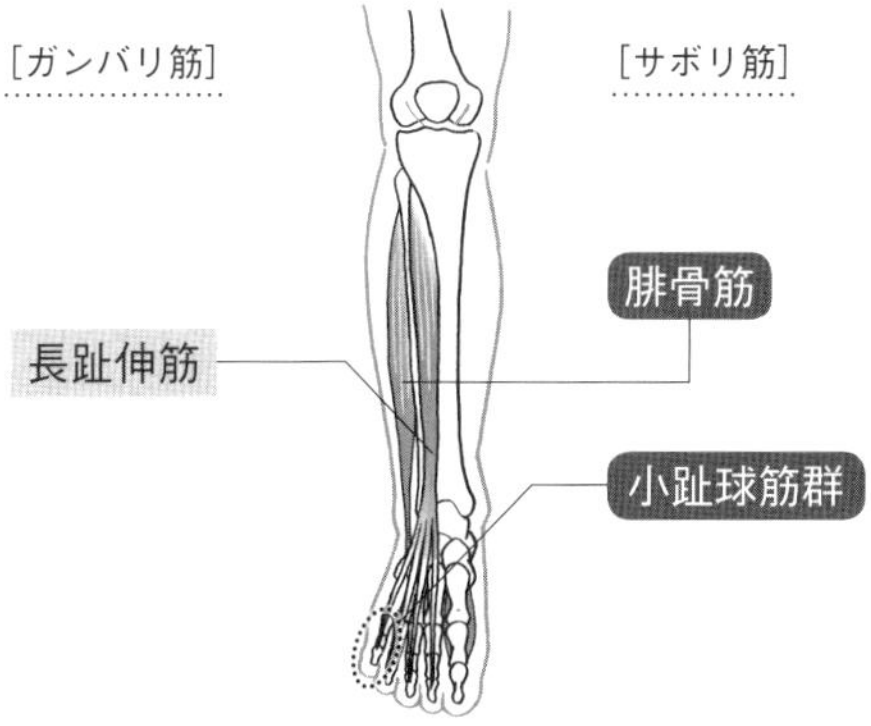

この後脛骨筋には足裏のアーチを上げる作用があるため、**後脛骨筋が緊張・硬化すると足裏のアーチが高くなりすぎるハイアーチの状態になりやすく、かかとや足の甲を痛めやすくもなるのです。**

しかも、足の親指を除く4本の指を持ち上げる作用がある長趾伸筋まで余計に働くことで、これらの足指が反ったり浮いたりしやすく、おかげで足裏の筋肉・腱から成る足底腱膜《そくていけんまく》（足底筋膜）は緊張状態を強いられることになります。

その結果として炎症が起こった状態が、スポーツ愛好者やアスリートにしばしばみられる「足底腱膜炎（足底筋膜炎）」です。

また、すねの前側〜外側にある腓骨筋がサボリ始めると、足の小指側の筋力が弱くなります。そして、その小指側の筋力低下を補うために、親指側の筋力を余計に使って、足首を支える必

NG 腓骨筋トレーニング

つま先が内側に倒れると、ふくらはぎの内側に力が入ってしまうのでNG

要が出てきます。

さらに、前述したように、「腓骨筋がサボリ筋になる→後脛骨筋が緊張・硬化する→ハイアーチになる」という状態になると、**重心が外側に偏りやすく、それに反応して足裏の親指側の筋力を使って床を押さえつける必要もあります。**

そのため、足裏の親指側にある筋肉も緊張・硬化しやすくなります。第4章で紹介する「小趾球」のトレーニングも併せて行い、足の小指側の筋肉（小趾球筋群《しょうしきゅうきんぐん》）を強化し、より強く・安定した足首を手に入れてください。

第4章では、学校や職場のイスに座りながらでもできる「腓骨筋トレーニング」もご紹介します。ＴＰＯに合わせた方法で、ピンポイントに腓骨筋を鍛える習慣をつけてください。

トレーニング中に「つりそう」「痛い」と感じたらどうする？

「つりそう」と感じたり、実際につったりする場合には、以下の2つのパターンが考えられます。

1つは、**普段働いていない「サボリ筋」に力を入れている＝弱い筋肉を収縮させているために、そうした反応が現れるパターンです。**

この場合は、サボリ筋にきちんと刺激が届いていることによる反応ですから、ひと休みしつつ、そのままトレーニングを継続しましょう。

もう1つのパターンは、**サボリ筋ではなく「ガンバリ筋」に力が入って収縮し、そのガンバリ筋について「つりそう」と感じてしまっているパターンです。**

こちらの場合は、「トレーニングを正しい方法でやっていないために起こる現象」であり、これまで過剰に働いてきたガンバリ筋をさらに酷使することになります。

この見極めは、つりそうな箇所あるいは実際につった箇所が「トレーニングのターゲットにしているところか否か」ということです。

ですから、**トレーニングのターゲットにしている筋肉とは「違うところ」がつりそうな場合は、第1章や第2章を読み返し、「正しいところ」をきちんと鍛えられるようにいま一度確認してから、トレーニングを再開しましょう。**

また、「痛い」と感じる場合にも、いくつかのパターンがあります。

トレーニングをした後、トレーニングのターゲットにしているサボリ筋周辺に痛みを感じるなら、それは〝正しい筋肉痛〟です。先ほどお話しした、「つりそう」と感じる場合の最初のパターンとまったく同じで、普段使わない筋肉に力を込めたことによる痛みということになります。

あまりにひどく痛む場合は無理に行う必要はありませんが、通常の筋肉痛ならそのうちに痛みはおさまりますから、そのままトレーニングを続けましょう。

一方、従来から関節の痛みがある方は「ズキッ」と嫌な痛みを感じるかもしれません。その場合は、ガンバリ筋のほうに力が入ったせいで関節に過剰なストレスがかかっている可能性があるので、再度フォームを確認してください。

関節周りの「働いていなかった筋肉」をサボリ筋トレーニングで鍛えると、関節にかかるさまざまな負担が軽減され、スポーツによる痛みの改善・解消に有効です。

一般的には、これまで関節痛に悩まされてきた人や、ケガでトレーニングを中止していた人でも、サボリ筋トレーニングを始めると１～２週間で痛みが軽減するケースがよくみられます。

サボリ筋トレーニングをしてはいけないのは、骨折していて体を動かせないときや、炎症・腫れがひどくて少し動かしても激痛が走るようなケースのみです。

そうでなければ、自分の体をチェックしつつ、様子をみながら続けていくことをお勧めします。

第３章

走

腰のバランスを整え「走力」を高める

最優先で行うべきは、腰・股関節を強化する腸腰筋＆多裂筋・腹横筋トレーニング

「走力」を高めるためにまず実践してほしいのは、腰・股関節《こかんせつ》周りのサボリ筋トレーニング。つまり、「腸腰筋《ちょうようきん》トレーニング」と「多裂筋《たれつきん》・腹横筋《ふくおうきん》トレーニング」です。

これは「走る」という動作の中で、太ももをしっかり上げるためには腸腰筋の働きが最も大切であり、その上げた脚を地面についてから蹴り出すまでには多裂筋・腹横筋の働きがきわめて重要になるからです。

腸腰筋については、その重要性に関する記事やニュースを目にする方は多いでしょう。確かにその通りなのですが、ただやみくもに腸腰筋を鍛えればいいわけではありません。

1つの筋肉が働くときには、その筋肉を支える筋肉が絶対に必要になります。

この運動メカニズムは、「走るときの腸腰筋」にも当てはまります。

腰・股関節の前側にある腸腰筋が働いて股関節をグッと前方へ動かすとき＝太ももを上げるときには、腰・股関節の後ろ側にある多裂筋が同時に働き、腰・股関節を後ろ側で固定・支える必要があるわけです。

そしてもちろん、多裂筋や腹横筋が働き、走るときに股関節をグッと後方へ伸ばして脚を蹴り出すときには、前側を腸腰筋が固定・支える必要があります。

こうした状態になってこそ、腰・股

走力を高める!

腰・股関節周りのサボリ筋トレーニング

腸腰筋トレーニング

➡36ページ

多裂筋・腹横筋トレーニング

➡38ページ

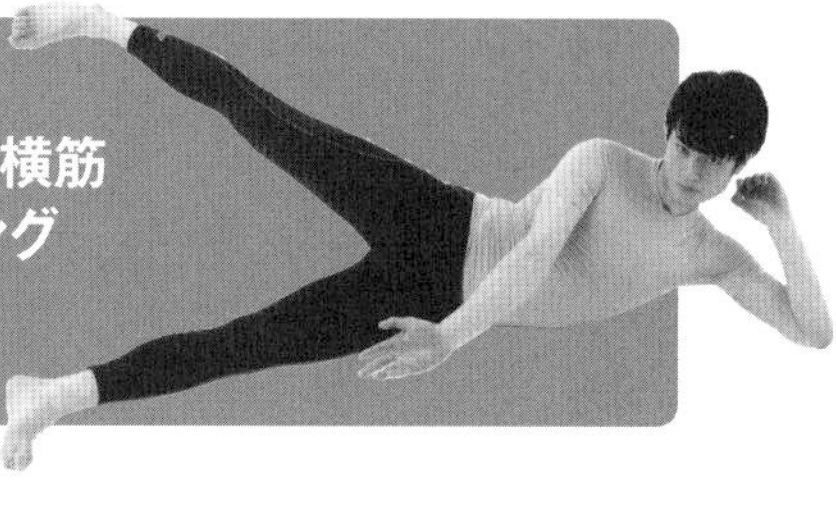

関節周りの筋肉すべて、さらには腰・股関節の機能も含めて、持てる力を最大限に発揮できます。

ですから、腸腰筋だけを強化するトレーニングを続け、腸腰筋だけをどんどん働かせるようにしていっても、あまり意味がありません。

むしろ、それでは腸腰筋が過緊張になり、どんどん硬くなってしまい、鼠径部《そけいぶ》に痛みが現れる**グロインペイン症候群や股関節痛、お尻の側面の痛み、ケガなどを招いてしまいます。**

こうした理由から、サボリ筋トレーニングにおいても、腸腰筋トレーニングと多裂筋・腹横筋トレーニングは必ずセットで行いましょう。

正しいフォームで行えば、いずれの筋肉も柔らかい状態のままで、筋力がアップし、筋肉も太くなっていきます。

もし、多裂筋・腹横筋にうまく力が入らないなどやりにくさを感じたら、次のページで紹介するイスを使ったトレーニングを試してみてください。

多裂筋・腹横筋トレーニングの 負荷を軽くするアレンジ

床で行うトレーニングがキツい場合は、負荷を軽くした"イスバージョン"を。イスに座ったままでできるので、屋外やコート脇、ベンチなど、床に横になれない場所での多裂筋・腹横筋のトレーニングにも有効です(写真は右側のトレーニング)。

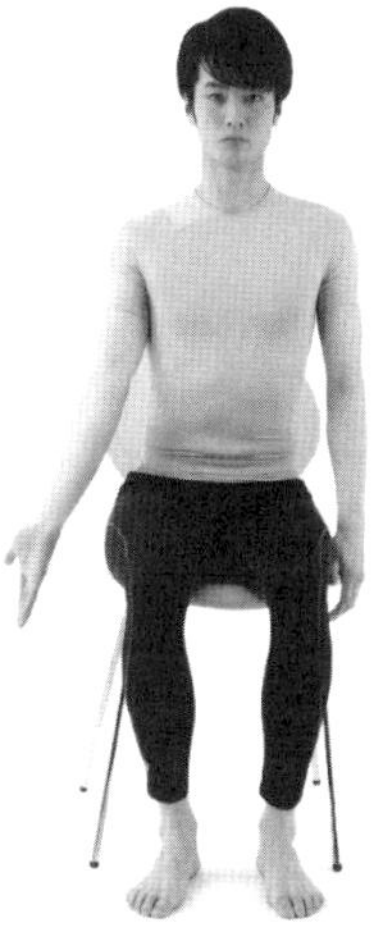

1 右手のひらを外側に向ける

イスに骨盤を立てて背すじを伸ばして座り、右手のひらを時計回りに回して外側に向ける。

2 右側のお尻を上げ、肩を下げる

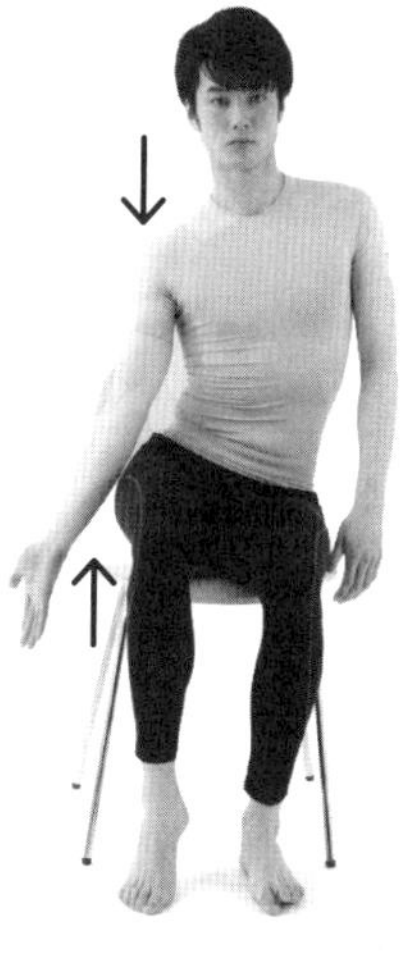

右側のお尻をイスの座面から上げ(浮かせ)、右肩を下げて、お腹の側面〜背面に力を入れた状態を10秒間キープ。左右を入れ替えて同様にトレーニングする。

距離や走法を問わず、体重の乗った走りを実現

それでは、走るときの動作と筋肉の関係を、もう少し詳しくみていきましょう。

前項でお話ししたように、脚の太ももを上げて前方に振り出すときには、腸腰筋がきちんと働く必要がありますが、実はその前段階でも、腸腰筋が走力アップのカギになる瞬間があります。


走行時の右脚の動きを例に考えてみましょう。

まず、右脚が〝前脚の状態〟から〝後ろ脚の状態〟になるまでの過程では、腰・股関節の前側にある腸腰筋はグーッと引き伸ばされていきます。

そして次に、その右脚が、後ろ脚から前脚に変わっていくわけですが、その際にも腸腰筋の働きが大切なのです。

筋肉には、「引き伸ばされた後には反射的に縮もうとする」という特性があります。

その「反射の特性（伸張反射《しんちょうはんしゃ》）」の現象が、先ほどお話ししたような「後ろ脚から前脚に変わっていく瞬間」に腸腰筋で起こることにより、脚を前へ早く踏み出せるようになるのです。

そのため、**腸腰筋のトレーニングは必須で、とりわけスプリンターにとっては不可欠なのです。**

ただし、前へ踏み出した脚のかかとが地面についた瞬間以降は、腸腰筋はあまり働く必要はありません。

腸腰筋が働くと太ももが上がって前に振り出す動きが生まれるので、例えば右脚のかかとが地面についた後＝〝前脚の状態〟から〝後ろ脚の状態〟になるまでの間は、引き伸ばされるだけでいいのです。

この段階で重要なのは、多裂筋です。

同じく右脚の動きで考えると、速く走るためには、右脚のかかとが地面につく瞬間、腰を前方へグッと持っていく動きが絶対に必要になります。

その動きをスムーズに生み出すことができるのが、腰・股関節の後ろ側にある多裂筋なのです。

しかも、このようにグッと腰を前方へ持っていけると、ひざの屈伸運動が少なくなり、重心を高く保つことができます。**かかとをついた瞬間から、その脚にスムーズに体重が乗りつつ腰が前方へ出ていくので、スピードを失わずに済み、「体重の乗った走り」が実現できます。**

ですから、短距離・中距離・長距離を問わず、また、ピッチやストライドなどの走法も問わず、多裂筋・腹横筋トレーニングは走力アップを後押しするのです。

しかも、**腸腰筋と多裂筋・腹横筋のトレーニングをすると、その場で筋力・関節を安定させる力が高まります。**

日常的に運動・スポーツをしている人はもちろんのこと、普段は運動習慣がなく、「明日の子どもの運動会で徒競走に参加しないといけないんだよな……」という方にもプラスの変化はもたらされますので、ぜひ試してみてください。

高校生16名全員が50m走でタイム短縮
フルマラソンでも18分短縮で自己ベスト更新

短距離走／女性・10代

ある高校の女子ハンドボール部が、練習にサボリ筋トレーニングを取り入れました。すると約1カ月後、部員の1〜3年生16名の50m走の平均タイムが、7・85秒から7・68秒へと短縮。なかには7・4秒から7・0秒になった生徒もいて、陸上部エースの記録6・9秒に次ぎ学年2位に！

短距離走／男性・10代

また、あるサッカー部に所属する男子高校生は、サボリ筋トレーニングで股関節痛を克服し、50m走のタイムを6・3秒から6・0秒にすることができました。

長距離走／女性・30代

さらに、フルマラソンでもめざましい結果が出ていて、ある女性は3時間48分台だったタイムを30分台へと、大幅に自己ベストを更新しました。

長距離走／女性・30代

実業団チームでフルマラソンに取り組んでいる女子選手も、2時間55分台→2時間48分台→2時間46分台へと、どんどん自己ベストを更新。「フォームも改善した」と喜んでくれています。

市民ランナーや高齢者も自然と「効率のよい楽な呼吸」を獲得できる

多裂筋に加えて腹横筋も、腰や体幹を安定させるために最も重要な筋肉であるうえに、「効率のよい楽な呼吸」を実現するために非常に重要な役割を果たします。

「呼吸は深いほうがいい」「腹式呼吸がいい」ということは、世間一般によく知られていますが、そのメカニズムの中で多裂筋と腹横筋が大きな役割を担っているのです。

まず、ごく簡単に呼吸のメカニズムをご説明すると、肺自体には呼吸のために自動的に動く仕組みはなく、肺が収まっている組織構造「胸郭《きょうかく》」（肋骨《ろっこつ》・胸骨《きょうこつ》・胸椎《きょうつい》から成るカゴ状の空間）の容積が変化することで呼吸が行われています。

また、その下のお腹の部分には、複数の筋肉でコルセットのように覆われて支えられている「腹腔《ふくくう》」という空間があります。具体的には、上を横隔膜《おうかくまく》で、下を骨盤底筋《こつばんていきん》群で支え、後ろ側を多裂筋、横を腹横筋で支えています。

ですから、胸郭の内部の空間「胸腔《きょうくう》」と、「腹腔」の間にある筋肉が横隔膜ということになります。そして、**この横隔膜が下がることで空気が吸い込まれ、反対に横隔膜が上がることで空気（二酸化炭素）が吐き出される仕組みになっています。**

ただし、その横隔膜は、その他の腹腔を支えている筋肉と同時に働かないと、きちんと機能しないと言われています。

その点、**サボリ筋トレーニングで多裂筋・腹横筋を鍛えていれば、横隔膜の上下の動きがしっかり行われるようになり、まさしく「深い呼吸」「腹式呼吸」が叶うというわけです。**

そうなると、「浅い呼吸」しかできない状態と比較して、体内からの二酸化炭素の排出や、体内への酸素の取り込みが、非常に効率的に行われるというメリットを得られます。

特に、**長距離を走っている方や、持久力を要する運動をしている人にとって、効率のよい楽な呼吸をできるようになることは、大きなアドバンテージになります。**

また、アスリートだけに限らず、一般の市民ランナーや、高齢者で健康維持のためにジョギングを始めようという人にも、こうした多裂筋・腹横筋のトレーニングによるメリットをぜひ知っていただきたいと思います。

普段から、「速く走るには腸腰筋が大事なんだよな」と鍛えている人ほど、多裂筋・腹横筋のトレーニングを取り入れると変化を実感できるはずです。

そして実際、私の元には、走力がアップしたと報告してくれる方が数え切れないほどいらっしゃるのです。

ちなみに、「ランナーはお尻の筋肉（大殿筋《だいでんきん》など）をつけるのが大事」とよく言われますが、お尻の筋肉だけを鍛えても、筋力は上がっていきません。がむしゃらにお尻の筋トレをしても、その時点での自分のキャパを超えた筋肉はつきませんし、股関節などを壊す可能性も出てきます。

しかし、**腸腰筋や多裂筋・腹横筋がきちんと働くようになれば、勝手にお尻に力が入る姿勢や動作になるので、大殿筋などのお尻の筋肉は自然とついていき、筋力もアップしていきます。**

また、お尻の筋肉がつくためのキャパが広がるので、そこで筋トレをすれば、「なかなかつかない」と思っていた筋肉もつくようになるのです。

「拮抗筋」と「共同筋」をうまく取り入れた絶対的プログラム

本章でここまでお話しした通り、走力向上のためにまず実践してほしいのは、腰・股関節周りのサボリ筋トレーニング＝「腸腰筋トレーニング」と「多裂筋・腹横筋トレーニング」です。

では、優先順位の2番目としてお勧めするトレーニングは……と話を進めたいところですが、ここで少しだけ、サボリ筋について〝もう一段階レベルアップした話〟をしたいと思います。

なぜなら、その内容を知っていただくことは、**サボリ筋トレーニングの実用性とやる気のアップにかなり貢献すると考えられるからです。**

関節を曲げたり伸ばしたりするときには、相反する作用を持つ筋肉が働いています。

例えば、ひじを曲げるときには、二の腕の内側の筋肉が収縮し、外側の筋肉は弛緩《しかん》します。一方、ひじを伸ばすときには、二の腕の内側の筋肉は弛緩し、外側の筋肉のほうが収縮して働きます。

このように、反対の作用を生み出す筋肉どうしの関係は、「拮抗筋《きっこうきん》」の関係と呼ばれています。

すでにお気づきの方も多いと思いますが、**サボリ筋トレーニングで鍛える対象になっている「1つの関節を支える2つの筋肉」も、支えている関節への働きかけの面で、拮抗筋の関係になっているのです。**

例えば、第1章の冒頭で、サボリ筋トレーニングのやり方として真っ先にご紹介した前鋸筋《ぜんきょきん》と菱形筋《りょうけいきん》は、肩甲骨《けんこうこつ》を支えるうえで反対の作用を生み出す拮抗筋の関係になっています。

そして、**1つの関節に対して2つのサボリ筋と拮抗筋、6つの関節では12のサボリ筋と拮抗筋についてトレーニングを施すというプログラムになっているのです。**

さらにいうと、関節を動かすときには複数の筋肉が同時に働いていて、その1つの動きを生み出すために、協力して働く筋肉どうしの関係もあります。

こちらは「共同筋《きょうどうきん》」の関係と呼ばれています。

そして、この**共同筋も意識してトレーニングすることは、運動能力の飛躍的向上を強力に後押しすることになります。**

この第3章〜第8章では、1つの運動能力にフォーカスし、その力をとにかく効率的に高めることに主眼を置いています。

ですから、共同筋の視点も適宜取り入れながら話を進め、絶対的なサボリ筋トレーニングのプログラムをお伝えしていこうと思います。

ひざ関節を強化して、さらに走力を上げる

では、走力アップのトレーニングとして最も重要な腸腰筋や多裂筋・腹横筋と共同筋の関係になっているのは、どの筋肉でしょうか？

その答えは、**ひざを支える筋肉でありながらサボりがちな、「内側《ないそく》ハムストリング**

ス」と「内転筋《ないてんきん》」です。

内側ハムストリングスは、走るときに腸腰筋といっしょに働き、特に走り始めの段階では強く働いて、前方へ速く移動できるようにしてくれます。

その際、**前脚のかかとが着地した直後にひざを軽く曲げ、ひざへの負荷を和らげるという、重要な役割を果たしています。**

ただし、これも腸腰筋と共通した話なのですが、前へ踏み出した脚のかかとが地面についた瞬間以降、内側ハムストリングスはあまり働く必要はありません。

なぜなら、内側ハムストリングスがあまり働いてしまうと、ひざがどんどん曲がっていってしまうからです。

ひざが曲がると、必然的に上下運動が発生します。

その上下の動き自体も、上下するためのエネルギーを使っていることも、前方へ速く走るという目的の中では、大きなロスになってしまうのです。

ですから、前脚のかかとが着地した瞬間以降に働くべきは、内転筋のほうです。

一般によく知られている内転筋の作用といえば、まさに内転の動き（脚を内側に動かす動き）になるのですが、実は脚を後方へグーッと持っていく作用も生み出します。

つまり、**「前脚のかかとが着地してから足裏全体を地面につけていく〜股関節を伸展《しんてん》させ、その脚を後方に持っていく〜その脚のかかとが地面から離れる」という流れをスムーズに行うには、内転筋の働きがカギになっているのです。**

また、この役割を内転筋がじゅうぶんに果たすには、同じ流れの中で腰を前方へグッと持っていく多裂筋といっしょに働く必要があります。

ですから、内転筋と多裂筋は共同筋の関係にあり、必ず同時に働いて走力アップに貢献してくれるのです。

「短距離よりも長距離を走る力をアップさせたい」という場合は、できるだけ下半身全体の筋肉を働かせ、連携を高めるのが得策です。

なぜなら、長距離走で一部の筋肉に負担がかかり続けていると、必ずフォームが崩れていき、弱い関節周辺から順番に疲労が現れるようになり、全身に広がってしまうからです。

私のこれまでの経験では、内側ハムストリングスを意識している人よりも、内転筋を意識している人は少ないように感じます。

内転筋がサボリ筋のままでいると、第2章でお話ししたように、内転筋をフォローする内側ハムストリングスに負担がかかってしまいます。だからこそ、より速い「走力」を手に入れたい方は、内側ハムストリングスのトレーニング（40ページ参照）だけでなく、多裂筋と共同筋の関係にある内転筋のトレーニング（42ページ参照）も忘れずに実践していただきたいと思います。

最後に重要なのは、肩甲骨を強化する前鋸筋＆菱形筋トレーニング

走力を高めるために最後にお勧めしたいのは、肩甲骨周りのサボリ筋トレーニング＝「前鋸筋」と「菱形筋」のトレーニングです。

「走力アップに肩甲骨？」と、不思議に思った方もいるかもしれませんが、これらを効率的な走力向上のプログラムに組み込むのにも、きちんとした理由があります。**脚を速く振り出すには、腕も速く振ることが不可欠です。〝腕の回転〟と〝脚の回転〟は、密接にリンクしています。**

その腕の動きをスムーズにするためには、肩甲骨周りの筋肉を鍛えるべきということなのです。

前鋸筋は、肩甲骨を外側に開き、腕を前〜上の範囲に動かす力を生み出します。一方の菱形筋は、肩甲骨を内側に寄せ、腕を下〜後ろの範囲に動かす力を生み出します。ですから、腕の振りの改善に直結しているのは明白です。

これらのトレーニングを行えば、**腕が振り負けることはなくなり、肩甲骨を前後で支える力も向上するので、腕の振り自体も安定します。**

このような腕の振りの改善のために、とりわけ短距離走のアスリートなどでは、ウエイトトレーニングで大胸筋《だいきょうきん》を鍛えている方がいます。

しかし、前述した「腸腰筋や多裂筋・腹横筋」と「大殿筋などのお尻の筋肉」の関係と同様、アウターマッスルの大胸筋の筋トレを強行しても、獲得できる筋量・筋力には限界があります。

それよりもむしろ、まずは前鋸筋トレーニング（24ページ参照）・菱形筋トレーニング（26ページ参照）をきちんと行い、ちゃんと働かせるようにするのが得策です。

第4章

跳

しなやかな足首を作り「跳力」を高める

最優先で行うべきは、足首を強化する後脛骨筋&腓骨筋トレーニング

ジャンプするときの「跳力《ちょうりょく》（跳躍力《ちょうやくりょく》）」を高めるには、足首周りのサボリ筋トレーニング＝「後脛骨筋《こうけいこつきん》」と「腓骨筋《ひこつきん》」のトレーニングが非常に効果的です。

その理由を、「力学・物理学的な視点」と「解剖学・生理学的な視点」の2つの角度から、わかりやすくお話しししていきましょう。

まず、前者の視点から真っ先にお伝えしたいのは、**高く跳ぶ動作は「上に跳び上がること」で生まれるのではなく、「床・地面に足裏でバンとつくこと」によって生まれるということです。**

そして、このとき、床・地面に対して垂直に足裏をつけば、床反力《ゆかはんりょく》（地面反力）が真っ直ぐ上に返ってくることになるので、より高く跳ぶことができます。

もちろん、実際に運動・スポーツをしている最中にジャンプするときは、「走って

いる↓体の前方でバンと足裏をついて一瞬止まる↓走ってきたときの勢いに乗ってジャンプする」という流れで跳びます。

ということは、中学時代の理科で習った「入射角」「反射角」と同じような流れで跳んでいるということになります。

そしてまた、こうしたジャンプの流れがわかると、**「上に高く跳ぶ」のも、「前に長く跳ぶ」のも、基本的には同じメカニズムが働いているとわかるはずです。**

実際の動作としては、「ひざを使う

跳力を高める!
足首周りのサボリ筋トレーニング

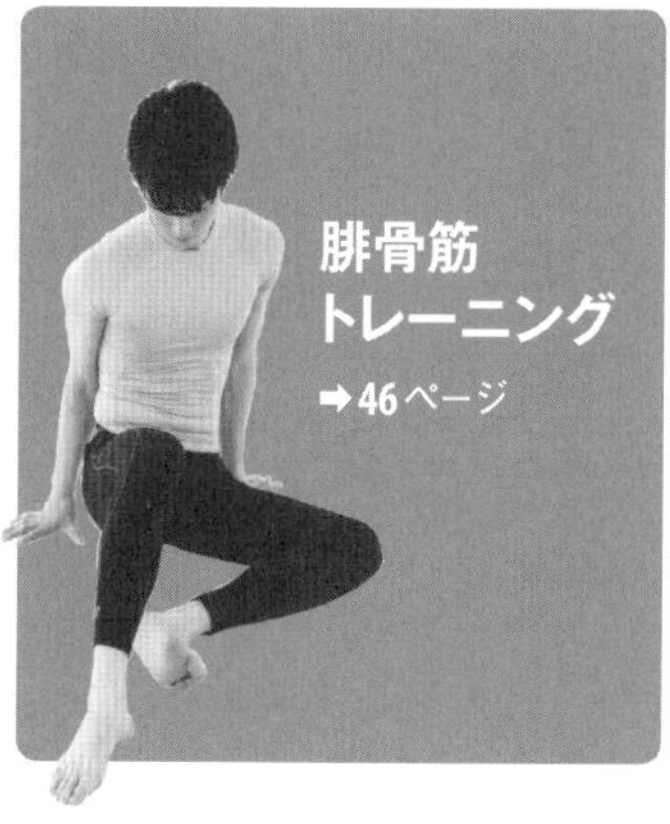

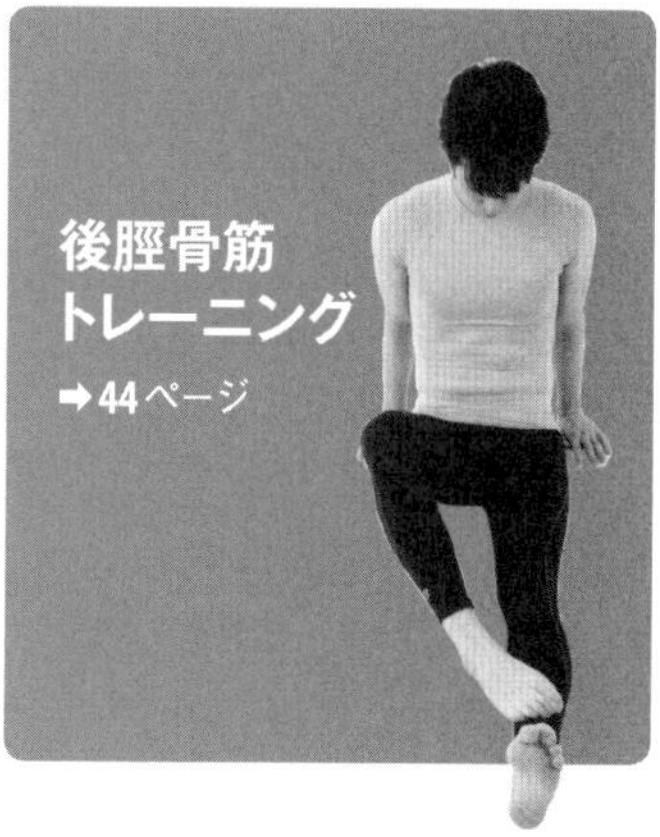

か使わないか」という違いはありますが、跳躍の仕組みは同じです。

走り幅跳びのように前に長く跳ぶ場合は、助走による「前に進む力」が強いために、まさしく前に長く跳ぶようになるというだけのことなのです。


ですから、跳躍力を高めるためのポイントは共通しています。

具体的には、床や地面にバンと足裏をつく際に、

①足裏をできるだけ真っ直ぐにつく
②くるぶし〜足裏がグラグラしないように足首をグッと固める

といったことになります。

そして、これら2つを実践するために不可欠になるのが、後脛骨筋のトレーニングと腓骨筋のトレーニングです。

なぜなら、これらの筋肉はそもそも、足首を内側と外側で支える筋肉であり、足首の固定・安定・スムーズな動きなど、すべての作用を生み出す筋肉だからなのです。

ひざ下を床・地面と垂直の状態に整え、足下からの反発力をフル活用して高く跳ぶ！

では、後脛骨筋と腓骨筋のサボリ筋トレーニングが跳力アップに有効な理由を、今度は解剖学・生理学的な視点からお話ししましょう。

私たち人間の下半身の構造をみると、〝太ももの部分〟は内側に向かって斜めになっていて、〝ひざから下の部分〟は床に対して垂直になっています。もちろん、人によってはO脚やX脚などもありますが、基本的な構造はこの通りです。

そして、床に対して垂直になっている〝ひざから下の部分〟にはなにがあるかというと、脛骨《けいこつ》という骨があります。ひざ~足首には2本の長い骨があり、そのうちの内側にあって太い骨が脛骨であり、外側にある細いほうの骨が腓骨です。

また、床に対して垂直になっている脛骨の真下には、内くるぶしがあります。

ですから、**ジャンプしようと床・地面に足裏をついたとき、「足裏―内くるぶし―**

脛骨」のラインは本来は垂直になっているはずで、しっかり跳べる体の構造になっているのです。

ところが、**腓骨筋がサボリ筋になっていると、足裏のアーチが上がりやすく、そのために小指側、つまり外くるぶし側に体重が乗りやすくなってしまいます。**

それはつまり、「足裏—内くるぶし—脛骨」のラインに体重が乗らず、足裏が垂直につかないということも意味しています。

ひとことで言えば、腓骨筋がサボリ筋化したことで、高く跳ぶことが難しい状態になっているということです。

さらに、腓骨筋がサボって小指側に体重が偏っていると、それこそジャンプをしたときなどに、足首の捻挫《ねんざ》もしやすくなります。

また、ジャンプが多いスポーツ——例えばバスケットボールなどでは、ターンの動き（ストライドステップ／スライドステップ／サイドステップ）も多いため、足首をいっそう捻挫しやすくなると言えるでしょう。

私の経験からすると、**足首の捻挫がクセになっている人のほとんどは、この腓骨筋**

がかなり弱くなっています。

ですから、跳躍力を高めたいなら、腓骨筋のサボリ筋トレーニングを意識的に行うようにしてください。第1章でご紹介した方法が難しい場合は、次のページのアレンジトレーニングをお試しください。

ただし、腓骨筋さえ鍛えればいいという話ではなく、後脛骨筋のサボリ筋トレーニングも忘れないこと。先にお話しした、足首をグッと固める動作のためには、足首を支える腓骨筋・後脛骨筋のバランスが重要で、足首から下全体を強化すべきです。

そうすれば、**床反力（地面反力）を体でしっかり受けることができ、ジャンプの高さ・長さ・質が変わっていきます。**

私が指導したバレーボール選手たちからは、跳躍の高さが上がっただけでなく、「滞空時間が変わった」「浮いている感覚になる」といった声もよく聞かれました。

同じような変化はバスケットボール・ハンドボール・クラシックバレエなど〝ジャンプがつきもの〟の運動はもちろん、それほどジャンプの機会が多くないスポーツでも、サッカーのヘディングのような場面で実感できるはずです。

腓骨筋トレーニングの負荷を軽くするアレンジ

床に座って行うトレーニングではうまく腓骨筋に力が入らないという方は、イスに座ってひざを固定した状態で行い、負荷を軽くしましょう。トレーニング中に足がつりやすい方も、イスに座って行うこちらの方法をお試しください（写真は右側のトレーニング）。

1 右足のつま先を伸ばし、外側に向けて上げる

イスに骨盤を立てて背すじを伸ばして座り、右脚のひざ下を少し前に出し、ひざを少し内側にして、つま先を伸ばして外側に向けて上げる。

2 つま先を外側へ倒して親指で床を押す

ひざの位置はズラさずに足首を伸ばしてつま先を外側に向かって床につけ、親指で床を押す状態を10秒間キープ。左右を入れ替えて、同様にトレーニングする。

親指は、スネのラインから真っ直ぐ下にくる位置に。

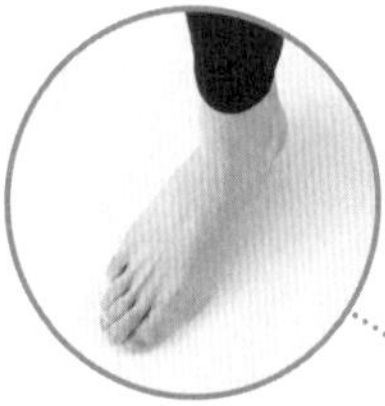

跳躍力が10㎝アップした実例続々
ジャンプ時も着地時も体がブレない！

トレーニング・コンディショニング面で私がサポートしている高校女子バレーボール部の選手たちには、サボリ筋トレーニングによる跳力アップの効果が著しく現れています。

バレーボール／女性・10代

ある選手は、２週間ほどでジャンプ力が10㎝以上アップし、本人いわく「スパイクを打つときに見える〝相手コートの景色〟が変わった」とのこと。

別の選手も、垂直跳びの数値が40㎝台前半から約50㎝にまで跳躍力が上がりました。

さらに、捻挫をして整形外科で靭帯断裂《じんたいだんれつ》とまで言われた選手は、痛みのでない範囲で母趾球《ぼしきゅう》、小趾球《しょうしきゅう》のトレーニングや足

首・ひざ周りのサボリ筋トレーニングを続け、10日後、普通に歩けるまでに回復しました。

トランポリン／女性・10代

側弯症《そくわんしょう》（背骨がねじれたり左右に弯曲したりする疾患）があったトランポリン選手は、着地のときに斜めを向いてしまって悩んでいたのですが、サボリ筋トレーニングを練習に取り入れると、その問題が解消したうえ、ジャンプも垂直に跳べるようになりました。

サッカーや野球、バスケにも効果的！横に動くステップの俊敏さもアップ

私は先ほど「ターンの動き」という言葉を使いました。

その意味は主に、両脚を交差させずに、横へ俊敏《しゅんびん》に移動する動きを指しています。

そうした動作は厳密にいうとジャンプの動きではないかもしれませんが、バスケットボール用語でいうところのストライドステップのように、ジャンプの多い競技では頻繁に行うアクションです。

また、**ジャンプが多くない競技・スポーツでも、サイドステップの動きがよくなることは、パフォーマンスアップに間違いなくプラスに働きます。**

足首〜足裏がしっかりしていなければ、そのパフォーマンスアップにもつながらないため、ここでぜひ触れておきたいと思います。

先ほどお話しした通り、腓骨筋がサボリ筋になっていると、足裏のアーチが上がり、小指側に体重が乗りやすくなります。そして、その状態は、ジャンプをしにくくするだけでなく、ターンもしづらくすることになります。

例えば、自分の左側にターンをしようとしているとしましょう。

このとき、左足の小指側に体重が乗っていることは、体重がかかっている方向に移動するだけのことですから、なんら問題はありません。

しかし、反対の右足もハイアーチになり小指側に体重が乗っていると、左の横方向に動く際にはブレーキとなり、大きなスピードロスになります。

どういうことかというと、右の足裏では、小指側＝右側しかついていない状態から、真ん中をつき、さらに左側をつくことで、やっと左の横方向への動きが可能になるのです。

足首〜足裏の筋力のバランスが取れていればワンアクションで機敏に移動できるのに、わざわざ「1、2」とツーアクションをしてから動くことになるわけです。

こうした動きのメカニズムは、止まった状態から横に動くときも、前に進みながら急に横へのステップを踏むときも同じです。

ですから、あらゆる対人競技・スポーツでオフェンス時にはフェイントの動作が確実に遅くなりますし、ディフェンス時には相手のフェイントについていけず、やすやすと抜かれてしまうことになるでしょう。

この話を聞いて、「でも、右足の小指側を踏ん張って左に動けばいいのでは」と考えた人もいらっしゃるかもしれませんね。

それもできないことはありません。

しかし、**足裏のアーチが高い状態で繰り返していると、足首〜足裏に疲労がいち早く蓄積するか、足首を捻挫するという結末が待っています。**

また、これとは正反対のパターンで、後脛骨筋がサボリ筋になっている場合でも、やはり横方向への動きは遅くなります。

今度はローアーチ（扁平足《へんぺいそく》）の傾向が現れ、親指側に体重が乗りやすくなります。すると、先の例のように自分の左側にターンをしようとしている場合だと、右の足裏はワンアクションで移動できる状態にありますが、左の足裏ではツーアクションが必要になるのです。したがって、やはり腓骨筋・後脛骨筋の両方を、いっしょに鍛えていただきたいと思います。

なお、ここまでお話しした足首〜足裏の機能をもっと高めるには、母趾球や小趾球のサボリ筋トレーニングもいっしょに実践するとよいでしょう。

母趾球は後脛骨筋と、小趾球は腓骨筋と密接に連携しています。次のページのトレーニングを併行して行えば、相乗効果で〝さらなる高み〟に手が届くはずです。

「足」のパフォーマンスをもっと上げるトレーニング

足首や足指の機能を高め、さらに高い「跳力」を得たい人に追加してもらいたいトレーニング。写真は右側をトレーニングする場合です。左右を入れ替えて、同様にトレーニングしてください。「走力」「蹴力」にも効果があります。

足指のサボリ筋❷ 小《しょう》趾《し》球《きゅう》トレーニング

1 床に座って片ひざを内向きに立て、つま先を外側に向ける

床に座り、手を後ろの床について上半身の重みを支える。右ひざを立てて曲げてから少し内側に入れ、つま先を外側に向かって上げる。左脚は楽にする。

2 足首の角度はズラさずに、足指で「グー」をつくる

ひざ・かかと・足首の角度はズラさずに、足裏の小指・薬指の下に力を強く入れながら足指で「グー」をつくった状態を10秒間キープ。

足指のサボリ筋❶ 母《ぼ》趾《し》球《きゅう》トレーニング

1 床に座って足のかかとを床につけ、つま先を内側に向ける

床に座り、手を後ろの床について上半身の重みを支える。右ひざを立てて曲げ、かかとを床につけて、つま先を内側に向ける。左脚は楽にする。

2 足首の角度はズラさずに、足指で「グー」をつくる

ひざ・かかと・足首の角度はズラさずに、足裏の親指・人差し指の下に力を強く入れながら足指で「グー」をつくった状態を10秒間キープ。

足首の次に重要なのは、ひざ関節を強化するトレーニング

跳力を高めるための効率的プログラムとして、もう1つのサボリ筋トレーニングを追加するなら、ひざ周りの「内側《ないそく》ハムストリングス」「内転筋《ないてんきん》」を鍛えることをお勧めします。

本章ではここまで、足首～足裏を強化することの大切さをご説明してきましたが、体力テストでよく行われる垂直跳びや、バレーボールでのブロック時など、とりわけ止まった状態から垂直方向に高く跳びたいときには、ひざを曲げて勢いをつけるのが自然な動作です。

その一方、走り幅跳びなどで前方へ長い距離を跳びたいときは、踏み切りのときに足首をグッと固定しつつ、ひざは曲げずに〝棒〟のようにすることで、前への推進力をフルに生かし切るべきです。

いずれにしても、**ひざの使い方がポイントになるわけで、足首〜足裏に続いて強化すべきサボリ筋となれば、ひざ周りの筋肉となるのは当然と言えるでしょう。**

内側ハムストリングスと内転筋の両方を鍛えれば、ひざを曲げること・伸ばすこと・固定することのすべてを効率的に実現できます。

また、**ジャンプ回数の多いスポーツをしている人がかかりやすい障害「ジャンパーひざ（膝蓋腱炎《しつがいけんえん》／膝蓋靭帯炎《しつがいじんたいえん》／大腿四頭筋炎《だいたいしとうきんえん》）」の予防・改善にも功を奏します。**

ひざの屈伸動作を頻繁に行っていると、ひざの〝お皿の骨〟（膝蓋骨《しつがいこつ》）の中心から上下の範囲に痛みを感じることがあります。

それがジャンパーひざの症状で、太ももの大腿四頭筋の中の前面中央にある筋肉（大腿直筋《だいたいちょくきん》）の腱や、膝蓋骨と脛骨をつなぐ靭帯が緊張・硬化し、機能が低下して炎症が起きることが原因です。

これは、大腿直筋がガンバリ筋になっていることも発端になっています。

だからこそ、なおさら内側ハムストリングスのトレーニング（40ページ参照）と内転筋のトレーニング（42ページ参照）をする必要があるのです。

第5章

蹴

強いひざを手に入れ
「蹴力」を高める

最優先で行うべきは、ひざを強化する内側ハムストリングス＆内転筋トレーニング

本章では、「蹴力《しゅうりょく》」を効率的に高めるサボリ筋トレーニングを順にご紹介します。蹴る力＝キック力のパフォーマンスアップとなると、すぐに思いつくのはサッカー・フットサル・ビーチサッカー・ラグビーなどでボールを蹴るシーンだと思いますが、格闘技系の競技・スポーツでも、蹴るモーションはよく入ってきます。以降の内容は、**ボールを蹴ることを前提に話を進めていきますが、〝格闘技系の蹴る動作〟にもじゅうぶん役立つ内容です。**

さて、「もっと強く蹴りたい」を叶えるトレーニングとして具体的にお勧めしたいのは、ひざ周りのサボリ筋トレーニング＝内側《ないそく》ハムストリングスのトレーニングと内《ない》転筋《てんきん》のトレーニングです。

ボールを強く蹴るためには、脚の振りによって生まれた力をムダなくボールに乗せ

る（伝える）必要があります。

その脚の振りを強くしたり、安定させたりするには、腰・股関節《こかんせつ》周りのサボリ筋トレーニング＝「腸腰筋《ちょうようきん》」と「多裂筋《たれつきん》・腹横筋《ふくおうきん》」のトレーニングが有効で、この点については後述します。

ただし、蹴る動作との関連性を意外と見落としがちで、にもかかわらずキック力向上のカギになるのは、ひざ関節の動きと安定性です。

ですからまずは、内側ハムストリングスと内転筋についてお話ししていきたいと思います。

蹴力を高める！

ひざ周りのサボリ筋トレーニング

クリスティアーノ・ロナウドのような弾丸シュートを打てるように！

ボールを強く蹴る瞬間は、ひざをギュンと伸ばす必要があります。

特に、インステップキックで足とボールが接触する直前から、足がボールに当たって押し出すように振り抜くまでに、ひざを伸ばして固定するようなイメージで動くと、強いボールを蹴ることができます。

わかりやすい例を挙げるなら、クリスティアーノ・ロナウド選手がパワー系のキックをしている瞬間です。

彼のプレーをよく見ている方なら、フリーキックなどでの〝弾丸〟のようなシュートを思い浮かべ、きっと納得していただけるでしょう。

ひざを伸ばすためにメインで働いているのは、太ももにある大腿四頭筋《だいたいしとうきん》と言われています。しかし、その大腿四頭筋は単独で働いているわけではなく、きちんと機能させるためには、一定のプロセスを踏む必要があります。

そもそも大腿四頭筋とは、太もも前面にある4つの筋肉の総称で、正確には大腿《だいたい》直筋《ちょっきん》・内側広筋《ないそくこうきん》・外側広筋《がいそくこうきん》・中間広筋《ちゅうかんこうきん》から成り立っています。

ひざを伸ばす動きの中で、これら4つの筋肉の動きをみてみると、**ひざをグーッと伸ばしているときには大腿直筋が強く働き、最後にひざを伸ばし切って〝ロックしたような状態〟にするときには内側広筋が強く働いています。**

そして、その内側広筋という筋肉には特徴があり、内転筋が働くことによってしっかり機能するようになります。

なぜなら、内側広筋と内転筋、特に内転筋を構成する大内転筋は、物理的にも機能的にもつながっているからです。

だからこそ、リハビリの現場でも「大腿四頭筋の内側広筋を鍛える場合は、内転筋といっしょに鍛えること」がセオリーになっています。

つまりは、**ボールを強く蹴るためには、ひざを伸ばすうえで補助的に働くべき内転筋がサボリ筋化していてはダメということ――。**

そのため、内転筋トレーニングを意識的に行っていただきたいのです。

内転筋といえば、一般的にはその言葉通り、股関節の内転（脚を内側に寄せる動き）のときに働く筋肉として知られていて、ひざとの関連性はあまりないと言われています。

しかし、決してそんなことはありません。

内転筋が弱い人はひざを伸ばせず、その状態を放置していれば、どんどんひざが曲がっていきます。ところが、そこで内転筋トレーニングを行うと、明らかにひざは伸びていきますから、ひざを伸ばすことに大きな影響を与えているのです。

また、内転筋を鍛えるために、世間では「バランスボールをひざに挟んで押しつぶす動きがいい」とされているようですが、実はそれではまったく鍛えられません。

内転筋を鍛えるには、股関節が後ろ側のほうにいかないと刺激が入らないのです。

ですから、ピンポイントでしっかり内転筋を鍛えるなら、内転筋のサボリ筋トレーニングをするようにしてください。

そしてもちろん、もう1つのひざ周りのサボリ筋トレーニング＝内側ハムストリングスのトレーニングもいっしょに行いましょう。

第1章でご紹介した方法が難しい場合は、137ページのイスに座って行うアレンジトレーニングをお試しください。

蹴る動作の中で、内側ハムストリングスは軸足のほうのパフォーマンス向上にプラスの効果をもたらします。

ボールの横に踏み込んだときの軸足はひざを軽く曲げた状態です。そこから、ボールを蹴るほうの脚を振り終わるまで、そのひざを軽く曲げた状態をキープしなければなりません。このような一連の動きと安定性に大きくかかわっている筋肉こそ、内側ハムストリングスなのです。

ここで、もしも内側ハムストリングスが働かず、サボリ筋になっていると、前述したひざの動きを大腿直筋の働きだけでまかなわなければならず、**軸足をあまり踏ん張れず、ひざを痛めることにもつながってしまいます。**

オスグッドシュラッター病などひざの前面の痛みは、大腿直筋への過剰な負荷が大きな要因になっているのです。

こうしたひざの曲げ伸ばしと内側ハムストリングス・内転筋の関係、さらにひざを痛める可能性については、第４章の最後の項でも触れていますから、そちらも参考にしてください。

内側ハムストリングストレーニングの負荷を軽くするアレンジ

床に座って行うトレーニングではうまく力が入らないという方は、イスに座って負荷を軽くしたトレーニングを。イスに座った状態で行うので、会社や学校で机に向かっているときや、試合前のベンチでもトレーニングできます（写真は右側のトレーニング）。

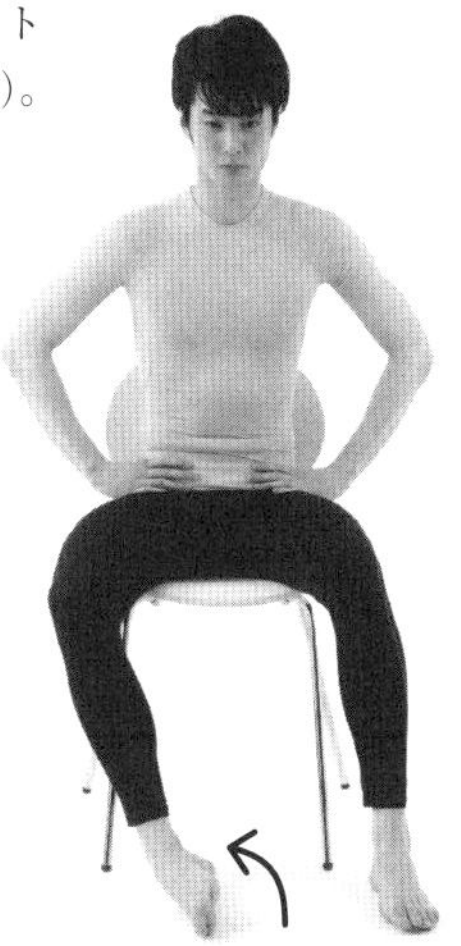

1 右足のつま先を伸ばし、足裏を横に向ける

イスに骨盤を立てて背すじを伸ばして座り、右足のつま先を伸ばして正面〜上を向かせつつ、足裏を横向きにする。

2 イスの下側に向かって、足先を持ち上げる

右脚のひざ下を自分のほうに曲げて、太ももの内側・後ろ側に力を入れた状態を10秒間キープ。左右を入れ替えて同様にトレーニングする。

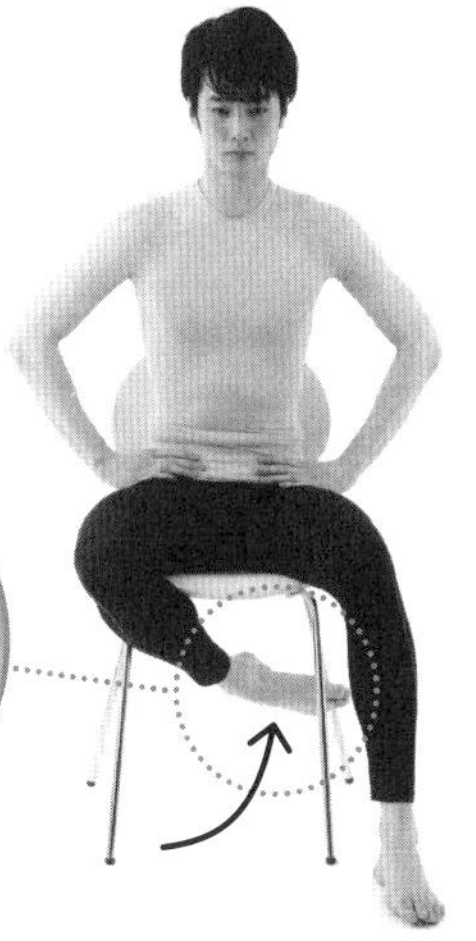

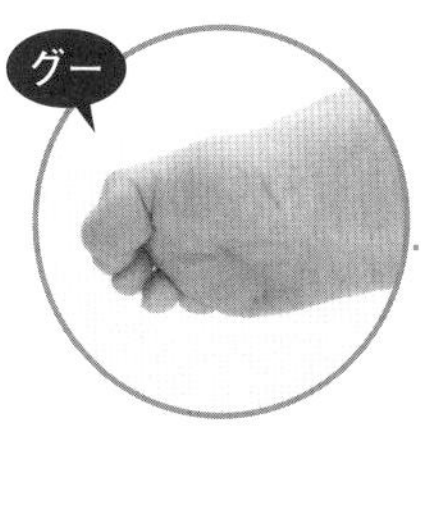

足指は「グー」の形ににぎる。

インステップでもインサイドでもキックのパワー・精度がアップ！

さて、ここまでは主に、インステップキックを念頭に置いて話を進めてきました。実際のサッカーのプレー中にはもう1つ、インサイドキックも多用するので、こちらのキック力向上に役立つ内容もご説明しましょう。

インサイドキックをするときは、「股関節を開いた状態のままでボールを前に蹴る」という動きをしているわけですが、実はこの動きを股関節〜脚全体の動きでみると、まさしく内転の動きに相当します。

もう一度改めてご説明すると、股関節の内転とは普通に立った状態＝つま先が真っ直ぐ前方を向いた状態から、脚を内側に寄せる動きです。

そのつま先の向きが、インサイドキックをするときには外側を向いているのですから、脚を前に押し出す動きは内転に相当するということです。

となれば当然、インサイドキックのパワーも質も向上させるには、内転筋の働き具合がカギになるとおわかりになるでしょう。

通常、インサイドキックをするときには、腰・股関節を支える筋肉の腸腰筋も大いに使っています。

ただし、**この腸腰筋ばかりに頼っていると、腸腰筋に過剰な負荷が蓄積していき、緊張・硬化を招きやすく、鼠径部《そけいぶ》・股関節周辺に痛みが現れるグロインペイン症候群などの障害につながってしまいます。**

ですから私は、サッカー選手にグロインペイン症候群が多い理由として、内転筋をサボらせたままで腸腰筋に負荷が押し寄せているためと考えています。言い方を換えれば、サボリ筋トレーニングで内転筋をしっかり働かせるようにすると、グロインペイン症候群を防ぎ、改善することもでき、キックのパフォーマンスもアップさせられるということなのです。

ちなみに、アウトサイドキックで蹴るときも、内転筋の働きは欠かせません。**内転筋の働きが弱いと、蹴るほうの脚を内側に入れて安定させることが難しくなるので、キックの精度が落ちてしまいます。**

そして、軸足のほうについては、インステップキックのときと同じく、インサイドキックにしてもアウトサイドキックにしても、内側ハムストリングスの強化が役立ちます。

つまり、結論としては、キックの種類を問わず、内転筋と内側ハムストリングスのトレーニングが重要ということなのです。

ケガをする前よりもシュート力アップ
キックのパワー&スピードが大幅向上

〝ケガに悩まされながらもパフォーマンスアップを目指したい〟という方の多くがサボリ筋トレーニングを取り入れ、目覚ましい成果をあげています。

サッカー／男性・10代

例えば、股関節とひざの痛みでシュートができないという、高校２年生のサッカー部の男性。彼は、そのひどい状況から地道にサボリ筋トレーニングを続け、２カ月後には見事復活。しかも、「以前よりもシュート力がアップしました」と嬉しい報告をしてくれました。

サッカー／男性・10代

また、別の男子高校生は、右脚の前十字靭帯《ぜんじゅうじじんたい》を損傷し、手術は受けずに保存療法で回復具合をみていました。その彼も、サボリ筋トレーニングを導入してから約２カ月後に復帰。しかも、彼の場合は左利きなので、ケガをした右脚が軸足に当たるのですが、その右脚の踏ん張りが以前よりも利くようになったそうです。

格闘技／男性・10代

　また、格闘技・空手・総合格闘技のある選手は、キックのスピードはあるものの、パワーが弱いことに悩んでいました。しかし、サボリ筋トレーニングを継続すると、いつものスパーリング相手が驚くほどにキックのパワーが上がり、スピードはさらに速くなったと喜んでいました。

　しかも、その間、この選手はウエイトトレーニングをしていません。ウエイトでは、パワーはついてもスピードが落ちる人が多いからです。パワーとスピードの両面で効果をもたらしたのは、サボリ筋トレーニングなのです。

ひざの次に重要なのは、腰・股関節を強化するトレーニング

　前項で、インサイドキック時に腸腰筋に頼りすぎないほうがいい旨の話をしましたが、それにはサッカーという競技・スポーツ自体に「長く走り続ける特徴」があるこ

とも考慮しています。

ポジションや試合状況にもよりますが、例えばトップレベルのサッカーのフィールドプレーヤーが1試合フル出場した場合、走行距離はおよそ8〜10㎞。その中で、全力のスプリントを何回も行い、当然ながらキックの動きを何度も繰り返します。

第3章で詳しくお話ししたように、**そもそも走るときには、腸腰筋をよく使います。そのうえで、ボールを蹴る際にも腸腰筋に頼ってしまうと、あまりにも負荷がかかりすぎてしまうということなのです。**

そこで、腰・股関節を支える別の筋肉、多裂筋や腹横筋の働きを高めるようにするといいでしょう。

多裂筋を鍛えることは、すでにご説明した通り、走力アップを強力に後押しします。そのうえ、キックの動作の中でもプラスの効果をもたらします。

具体的にいうと、**軸足がついた瞬間に腰を前に出し、体重と脚を振る勢いがボールに伝わりやすくして、強いキックを生み出すサポートをするのです。**

また、腹横筋の働きも見逃せません。

腹横筋には、骨盤を引き上げる働きがあるので、軸足を地面についた後、体をグッと引き寄せる力を生み出します。

ですから、右足で蹴る場合ならば、

■多裂筋の働きで、左の軸足が地についた瞬間に腰を前に出そうとする

⬇

■その直後、腹横筋の働きで、左の軸足への体重移動がしっかり行われるようにする

という、理想の〝軸足の作り〟を実現できるわけです。

腰全体の状態から表現すれば、多裂筋・腹横筋がサボっていると〝へっぴり腰〟で蹴ることになるわけですが、しっかり働いているとそうはならず、むしろキック力アップに向かっていくということなのです。

切り返しの大きなフェイントも、高いヘディングも可能に！

そのほか、足首周りを強化するサボリ筋トレーニング＝後脛骨筋《こうけいこつきん》のトレーニング（44ページ参照）と腓骨筋《ひこつきん》のトレーニング（46ページ参照）も効果的です。

その理由は、主に2つあります。

1つめは、これらの筋肉がバランスよく働くことで、ボールを蹴るときに足首をしっかり固められるからです。

どんな蹴り方をするにしても、足首がフニャッとしたままでは、蹴る力は当然弱くなります。それは、止まっているボールを蹴るときはもちろん、向かってきたボールをダイレクトに蹴るときのことを考えれば、すぐに納得できるでしょう。

そして**もう1つの理由は、逆に足首を思うように動かせるようにもなるため、状況**

に応じて最適なプレーをできるようになることです。

瞬時の判断で、ボールと足の接触面を大きくして、パスの精度を上げる。足首の動きだけで、切り返しの大きなフェイントを仕掛ける――。このようなパフォーマンスが、これまでよりずっとうまくできるようになるはずです。

さらに、これは直接にボールを蹴ることではありませんが、**足首の動き・固定の能力がアップすると、サッカーをするうえでよく行う「ターンの動き（サイドステップ）」や「ヘディング時のジャンプの動き」の質もよくなります。**

その内容については、第4章で詳しくご説明していますから、ぜひ参考になさってください。

そして、最後にもう1つだけキックのパフォーマンスアップにつながるサボリ筋トレーニングを挙げるなら、肩甲骨《けんこうこつ》周りのサボリ筋トレーニング＝前鋸筋《ぜんきょきん》のトレーニング（24ページ参照）と菱形筋《りょうけいきん》（26ページ参照）のトレーニングということになるでしょう。

これらのトレーニングをすると、**ボールの横に軸足を踏み込むとき〜蹴る瞬間までの安定性がアップします。**

今さらいうまでもありませんが、体は全身を使ってバランスを取っています。

蹴る動作においては、例えば左足を軸足にして、右足で蹴るときには、最初に軸足側＝左側の上半身にある肩甲骨が動き、前に出ます。下半身の腰や股関節が動いて前に出るのは、その後です。

ですから、**肩甲骨の動きをよくし、体の安定性をいっそうよくした状態にしてからキック動作に入っていくほうが、パフォーマンスアップにもっと近づけるということなのです。**

第6章

投

肩の筋肉を安定させ「投力」を高める

まず最初に行うべきは、肩関節を強化する肩甲下筋&上腕三頭筋トレーニング

ボールを投げる「投力」を高めるために最優先で行っていただきたいのは、肩周りのサボリ筋トレーニング＝肩甲下筋《けんこうかきん》トレーニングと上腕三頭筋《じょうわんさんとうきん》トレーニングです。

さらなる効果を期待する方は、肩甲骨《けんこうこつ》周りのサボリ筋トレーニング＝前鋸筋《ぜんきょきん》トレーニング（24ページ参照）と菱形筋《りょうけいきん》トレーニング（26ページ参照）も行うことをお勧めします。

なぜなら、肩甲下筋と前鋸筋、上腕三頭筋と菱形筋は、共同筋《きょうどうきん》の関係にあり、投げる動作をする際にはいっしょに働く筋肉だからです。

そうすれば、**飛躍的に投力を向上させることが可能になり、パフォーマンスアップに最適なプログラムになります。**

投力を上げるうえでまず念頭に置くべきは、そのときの肩周りの動きが〝物を持ち上げるときのような単純な動き〟ではなく、「肩関節をひねる動き」になっているということです。

肩の動かし方が単純なら、肩全体を覆うようにある三角筋《さんかくきん》などのアウターマッスルを鍛えれば済みますが、肩関節をひねるとなると、肩甲下筋などのインナーマッスルを鍛える必要があります。

その肩甲下筋は、肩関節の前側を支える役割を担っていて、ピッチング動作に伴う「肩を内側（前側）にひねる

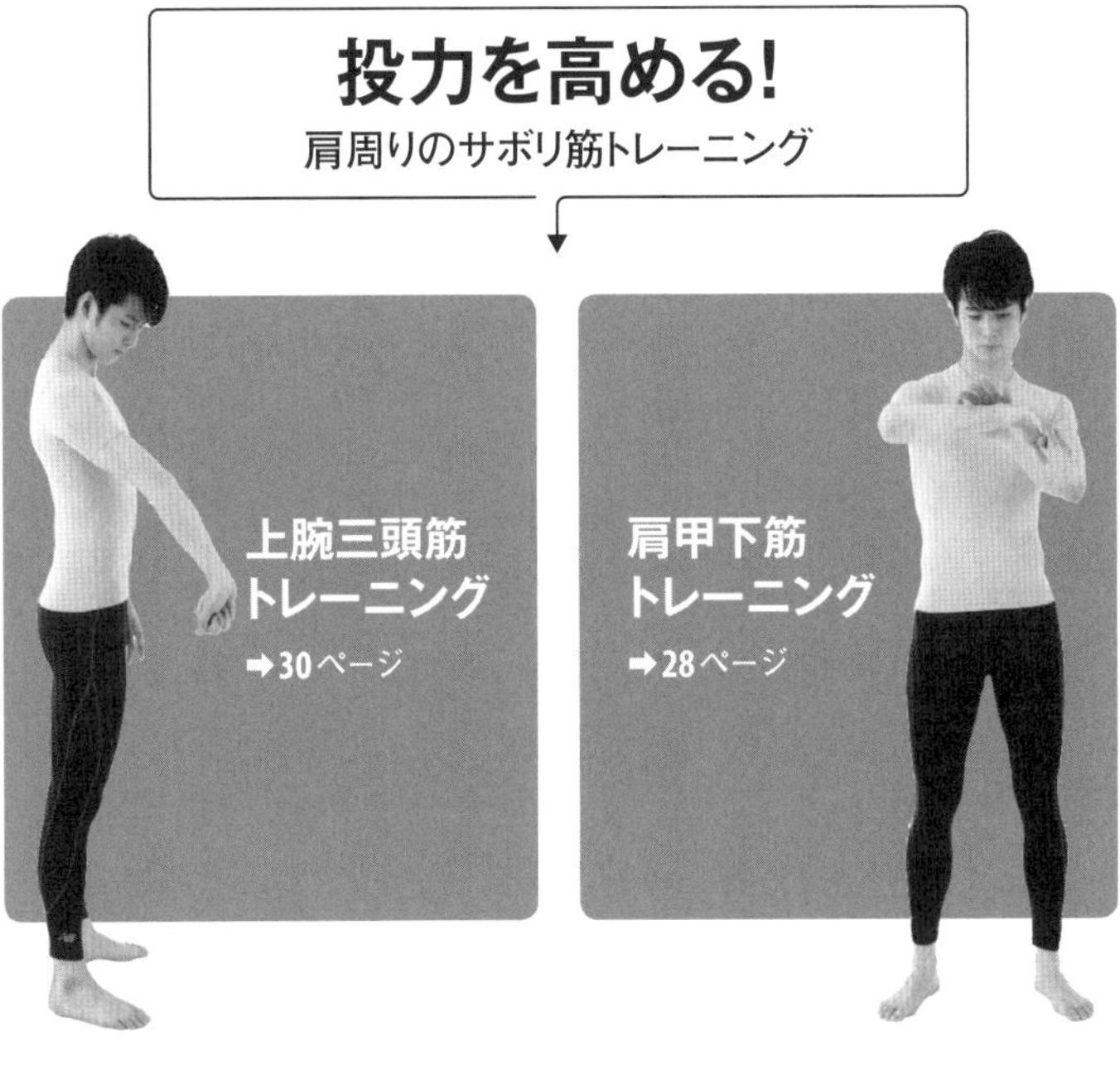

動き」「腕を上から振り下ろす動き」をする際に働く筋肉です。ですから、この筋肉へのトレーニングが必須なのは、すぐにおわかりいただけるでしょう。

逆に、肩関節の後ろ側にあり、「肩を外側（後ろ側）にひねる動き」をしているのは、一般的には棘下筋《きょっかきん》や小円筋《しょうえんきん》という筋肉だとされています。確かに、これらの筋肉はそのような働きをしています。

ところが、ここでやっかいなことがあります。

これらの筋肉は非常に硬くなりやすく、どんどん働こうとするために、機能低下や痛みなどのトラブルを招きやすいのです。

この問題を解消できるのが、上腕三頭筋なのです。

上腕三頭筋については、筋肉の関連書をいくら調べても、「ひじを伸ばす」「肩を後ろに伸ばす」といった働きにしか触れられていません。

しかし実は、肩を外側（後ろ側）にひねる働きがあり、肩関節の後ろ側を支えているのです。これは、私が発見した事実であり、決して見逃すことはできません。

実際、上腕三頭筋のサボリ筋トレーニング（30ページ参照）をしてみると、その働きがあることを誰でも確認できます。正しいフォームで腕～肩を外側にしっかりひねると、まさに上腕三頭筋のところに力が入っているとわかるはずです。

この上腕三頭筋がサボらずにしっかり働けば、前述した棘下筋・小円筋への負荷が軽減し、さらにうまく連携して働くようにもなり、「肩を外側（後ろ側）にひねる動き」も「腕を大きく振り上げる動き」もスムーズに行えるようになります。

そして、肩を前側で支えている肩甲下筋・後ろ側で支えている上腕三頭筋をともに鍛えれば、肩の可動域が広がります。

また、例えば100㎞／hの球を投げるには、約3kgもある片腕を100㎞／h以上の速度で振る必要があるわけですが、そうした負荷に対して肩関節が耐えうるキャパシティーも大きくなります。

ですから、球速が増すのはもちろんのこと、肩周りのケガのリスクが減り、ピッチャーならば長いイニングを投げられるようにもなっていくのです。

肩周りとともに強化した肩甲骨に前鋸筋&菱形筋のサボリ筋トレーニングを

投球時のような肩〜腕を大きく動かす行為は、肩関節と肩甲骨の〝共同作業〟によって行われ、互いに大きな影響を与え合っています。

例えば、腕を180度垂直に上げる場合は、肩関節が120度、肩甲骨が60度上がることで成り立っています。これだけでも、肩周りだけでなく、肩甲骨周りのサボリ筋トレーニングも欠かせないことは明らかでしょう。

さらに、投球動作と肩甲骨の関係を深掘りすると、前鋸筋・菱形筋のサボリ筋トレーニングも行う必要性を確信できるはずです。

ここでまず、なにも考えずに〝バンザイ〟をしてみてください。

すると、あなたの肩〜腕は、体の真横よりも少し前で動いたとわかるはずです。

それはなぜかというと、「肩関節は基本的に〝肩甲骨が作っている角度〟の内側でしか動かない」というメカニズムがあるからです。

左右の肩甲骨は、ともに約35度前方に向かって、斜めに位置しています。ですから、あなたがなにげなくバンザイをすると、肩甲骨が作っている斜め前方への角度の内側で肩~腕が動くのです。

ただし、それでは、その斜めの角度のライン（肩甲骨面）よりも後ろに腕を持っていけず、腕を大きく振りかぶることなんてできません。

では、どうすればいいのかというと、肩甲骨をグッと内側に寄せればいいのです。肩甲骨を背骨のほうに引き寄せると、肩甲骨が作っている斜めの角度のラインが変わり、肩~腕の動かせる範囲が広がります。つまり、その範囲が広がるぶんだけ、腕を大きく振れるようになるわけです。

また、反対に、肩甲骨をグッと外側に動かせば、結果的に腕を振り下ろせる範囲も拡大します。

つまり、**肩甲骨の動きは、腕の振りの大きさにダイレクトに影響を与えているということです。そして、腕の振りが大きくなることは、球速アップのための重要な条件ですから、投力のパフォーマンス向上につながっているということなのです。**

肩甲骨を後ろ側で支えている菱形筋のトレーニングは、肩甲骨を内側に引き寄せる力を養います。肩甲骨を前側で支えている前鋸筋のトレーニングは、肩甲骨を外側に動かす力を養います。ぜひ積極的に実践してください。

なお、肩甲骨を適切に動かせないと、ボールを投げるときにひじを高く持っていけず、腕全体の位置が低くなり、腕をねじるような投げ方になってしまいます。ボールをリリースする高さやポイントもズレてしまいます。**さらに、肩やひじに過剰な負荷がかかり、野球肩や野球ひじなどの原因にまでなってしまいます。**

そうしたトラブルを防ぐ意味でも、菱形筋や前鋸筋のサボリ筋トレーニングは非常に有効です。

「ストレート勝負できるようになった」「ホップする球を投げられるようになった」

ボールを直接握る手についても、手首を鍛えるサボリ筋トレーニングを行えば万全です。特に、「橈側手根屈筋《とうそくしゅこんくっきん》」を強化するトレーニング（32ページ参照）は必須です。

この筋肉には、親指側に力を入れる働きのほか、手のひらを下に向ける働きがあります。ですから、スナップを利かせたい人、ストレート系の球の威力をアップさせたい人には、もってこいのトレーニングメソッドです。

実際、このトレーニングを積極的に実践した選手たちからは、**「回転数が上がった」「球に伸びとキレが戻った」「ストレート勝負できるようになった」「いわゆるホップするような球が投げられるようになった」**などの声が続々と寄せられています。

さらに、次のページのトレーニングで手のひらの親指の下にあるふくらみ（母指球《ぼしきゅう》）をつくっている筋肉（母指球筋）も鍛えれば、〝手首～手指の親指側全体〟をまとめて強化することになりますから、パフォーマンスアップの確率が高まります。

「手」のパフォーマンスをもっと上げるトレーニング

さらに速く強い「投力」と握力を手に入れたい人に非常に高い効果が現れるトレーニング。人差し指～小指は第１関節を伸ばしたまま第２関節を曲げ、親指で人差し指の第２関節を押すのが、正しい「グー」の形です。

手指のサボリ筋❶ 母《ぼ》指《し》球《きゅう》トレーニング

1　両脇を締めて、手を「グー」にする

両脇を締めながら、体の前方で手のひらを上に向けてから、手首を曲げる。

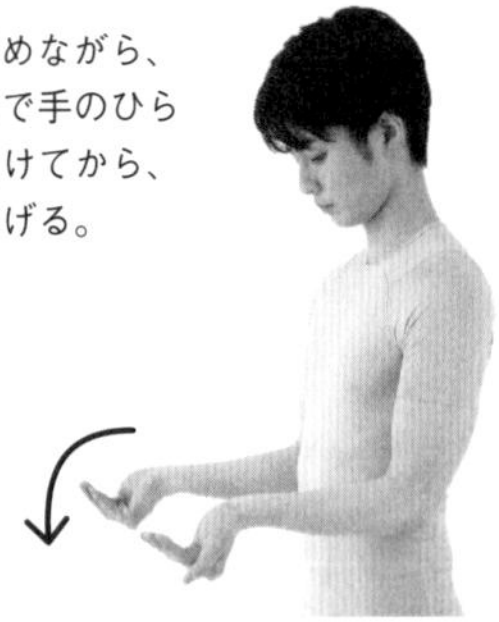

2　手首を真下に曲げる

第１関節が曲がらないように注意しつつ、手を「グー」の形にする。親指・人差し指・中指に力を強く入れた状態を10秒間キープ。

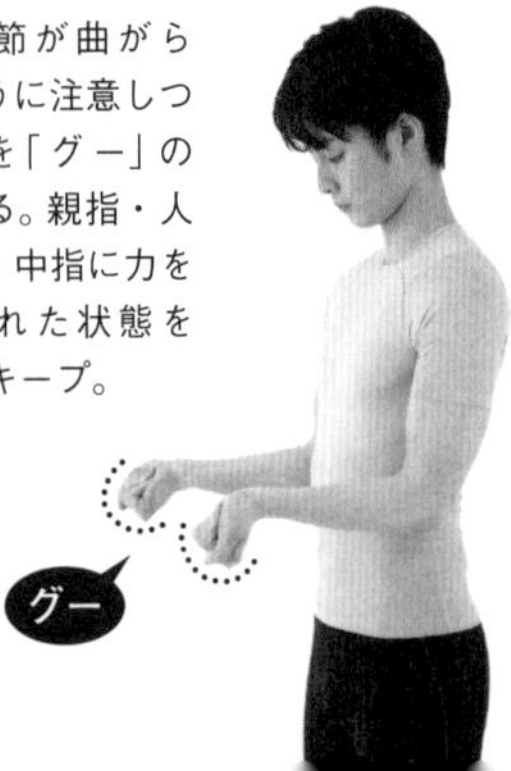

手指のサボリ筋❷ 小《しょう》指《し》球《きゅう》トレーニング

1　胸の前の高さで、指を直角に曲げる

両ひじを前に出し、体の前方の胸の前の高さで手のひらを下に向けてから、人差し指～小指の４本指の第３関節だけを直角に曲げた状態にする。

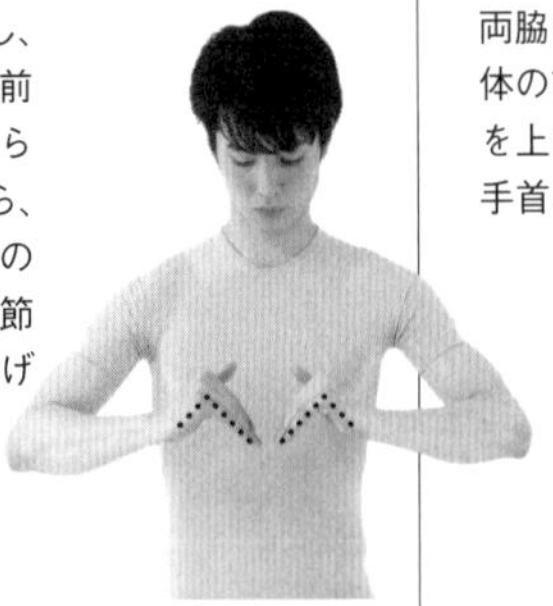

2　指をさらに曲げ、手を「グー」にする

小指・薬指に力を強く入れながら、４本指の第１関節が曲がらないように注意しつつ指をさらに曲げ「グー」にした状態を10秒間キープ。

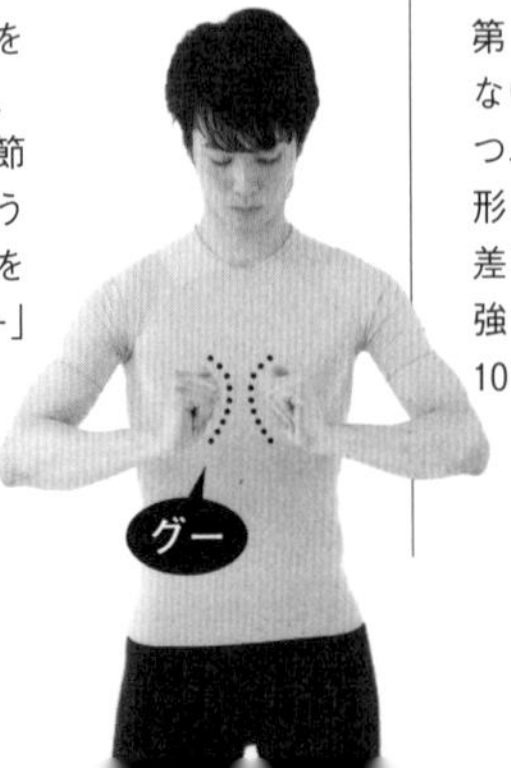

ただし、**すべてのサボリ筋トレーニングに共通することですが、1つの関節を支える2つの筋肉（サボリ筋）はともに鍛えるのが基本です。**

ですから、手首周りについては尺側手根屈筋《しゃくそくしゅこんくっきん》のトレーニング（34ページ参照）、手指については「小指の下にあるふくらみ（小指球《しょうしきゅう》）をつくっている筋肉（小指球筋）」のトレーニングも、忘れずに行いましょう。

尺側手根屈筋には、橈側手根屈筋とは反対に、小指側に力を入れる働きが備わっています。そのため、**リリース時に小指側が内向きに動くカーブ・スライダーを持ち球にしているピッチャーには、**ぜひ取り組んでいただきたいトレーニングです。

高校生で１４４km／hの直球！
５日間で13km／hも球速アップ

投力の向上は、野球・ソフトボール・ハンドボールなど、まさにボールを投げる競技・スポーツで幅広くみられますが、サボリ筋トレーニングによる変化が最もわかりやすいのは、ピッチャーの球速の数値です。

野球／男性・10代

例えば、ある高校生ピッチャーは、最高で132km／hだった球速が、2カ月で12km／hも速くなり、144km／hに到達。ストレート勝負に自信がついたそうです。また、別の高校生ピッチャーも2カ月の間に137km／hから143km／hに。中学生のピッチャーは、たった5日間のサボリ筋トレーニングで、96km／hだった球速が109km／hにまで大幅にアップしました。

ソフトボール／女性・10代

ソフトボールのピッチャーでも、ある女子高校生は80km／hから92km／hまでの球速アップに成功しています。

野球／男性・20代

さらに、プロ野球パ・リーグのあるピッチャーも、これまでの最高球速146㎞／hを更新し、151㎞／hをマーク。別のプロ野球選手のピッチャーも、30代に入ってから一度も150㎞／hの球を投げられていなかったのですが、サボリ筋トレーニングを始めたところ、150㎞／h台のストレートをバンバン投げられるようになりました。

ピッチングの軸足安定、スムーズな体重移動、高いリリースポイントを保つ秘訣とは?

投げる力を向上させるには、下半身の強化も無視できません。

その点で私がお勧めしたいのは、腰・股関節周りのサボリ筋トレーニング＝腸腰《ちょうよう》筋《きん》トレーニング（36ページ参照）と多裂筋《たれつきん》・腹横筋《ふくおうきん》トレーニング（38ページ参照）です。

前述した通りに肩・肩甲骨を強化しつつ、腰・股関節《こかんせつ》周りのケアも怠らなければ最強で、投力アップのためにいくつものメリットがあります。

例えば、速い球を投げるためにはリリースポイントの高さがカギになりますが、多裂筋がしっかり働けば股関節が伸び、リリースポイントの高さを保つことができます。

また、軸足を安定させてから、踏み込む足にグッと体重を乗せて球を投げ込むには、踏み込む足が地面についた瞬間に腰を前に出そうとする力が必要です。

この一連の下半身の状態をつくり出すには、以下のような腸腰筋と多裂筋・腹横筋の絶妙なコンビネーションが働いてこそ可能になります。

■腰・股関節の前側を腸腰筋、後ろ側を多裂筋が支え、軸足が安定する
■踏み込む足が前方の地面についた瞬間、多裂筋の働きで腰を前に出す
■その直後、踏み込んだ足への体重移動が、腹横筋の働きでしっかり行われる

こうした一連の流れが行われず、腰が引けて重心移動もなされずに投げると、そのぶんだけ後方にエネルギーがいってしまうので、前にボールを投げるうえではロスが生まれます。だから、腰・股関節周りのサボリ筋トレーニングが必要なのです。

第７章

振

手首や指を鍛え「振力」を高める

まず最初に行うべきは、手首を強化する橈側手根屈筋&尺側手根屈筋トレーニング

野球のバッティングやゴルフ、テニスなどの共通点は、〝棒状のもの〟を手で振って行う競技・スポーツということ。

それらを振るときのスピードと正確性を上げ、パワーを増幅させるなら、手首のサボリ筋トレーニング＝橈側手根屈筋《とうそくしゅこんくっきん》トレーニングと尺側手根屈筋《しゃくそくしゅこんくっきん》トレーニングが非常に重要です。

橈側手根屈筋と尺側手根屈筋のトレーニングについては、前章の「投力」でもお話ししましたが、本章では**野球のバット・ゴルフクラブ・テニスラケットなどを「振ること」がメインテーマなのですから、必要性の意味が変わってきます。**

これらのサボリ筋トレーニングが、振力《しんりょく》のパフォーマンスアップに効果をもたらすポイントは、主に3つあります。

1つめは、手首を固定する力を高めることです。

橈側手根屈筋とは、手首や指の内側（親指側）を支えている筋肉です。一方、尺側手根屈筋とは、手首や指の外側（小指側）を支えている筋肉です。

そして、これらの筋肉を存分に働かせるには、ある条件があります。

まず、小指側の尺側手根屈筋が働き、小指のつけ根が固定されることによって、小指や薬指が握る力をじゅうぶんに発揮できます。

同様に、親指側の橈側手根屈筋もきちんと働き、親指のつけ根が固定されることによって、親指や人差し指、中

振力を高める!

手首のサボリ筋トレーニング

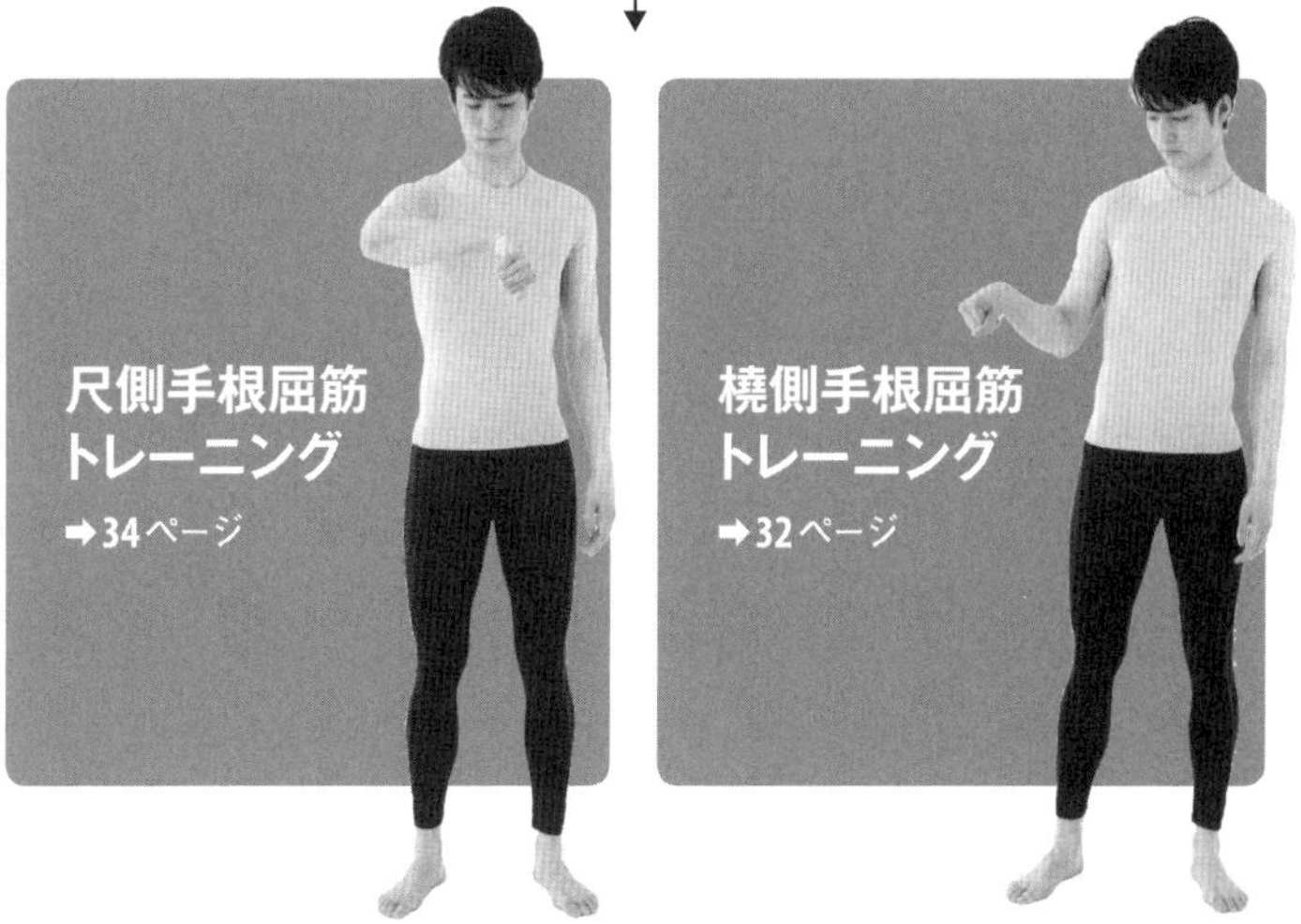

指でしっかりと握ることができます。

また、この尺側手根屈筋の力は、握力の大小にも密接にかかわっています。

つまり、**ともにサボらず、しっかり働くことによって、手首を固定・安定する機能が大幅にアップし、バット・クラブ・ラケットを握る力も向上するわけです。**

すると、野球やテニスなど、向かってくるボールを打ち返すときには、当然ながらボールの勢いに押し負けず、むしろその勢いを反発力に変えて強い球を打てます。テニスならばきれいなライジングショットを打つことも可能になるでしょう。

さらに、**手首のサボリ筋トレーニングがもたらす効果の2つめは、自分が思い描いた通りのスイングができるようになることです。**

関節や筋肉に問題があると、脳が「こう動け」と命令する動作と、実際にできる動作にズレが生じます。例えば、野球でバットを振るときなら、脳のほうは「ここにこうやって振れ」と指令を出し、その通りにバットを振ったつもりなのにクリーンヒットできないのは、体が正確に動けていないからなのです。

これは、ゴルフクラブを振るときでも、テニスラケットを振るときでも同じです。

〝棒状のもの〟を手で振るからこそ、そのズレをなくすためにいちばん大切なのが手首と、手首を支える橈側手根屈筋・尺側手根屈筋なのです。

これらの関節と筋肉の状態がよくなれば、スイングの軌道も、ボールに当てる角度やタイミングも、スピンのかけ方も、思っている通りの動きが具現化されます。

バッティングで芯に当てることも、ドロー・フェードの打ち分けも自由自在

そして、**手首のサボリ筋トレーニングの効果の3つめは、スイングの質そのものが大幅によくなることです。**

バットやドライバーをスイングするとき、手首はかなり複雑な動きをしています。

右打者の「左手」を例にすると左記の流れで動きます。

- **振り出し〜インパクトまでは、手のひらを下に向ける動き**
- **インパクトの瞬間は、角度を調整したうえで固定&安定**
- **その直後からは手首を返し、手のひらを上に向ける動きをしてフォローする**

しかも、バットを左右両側からはさむように持っているため、「右手」のほうは同時に正反対の動きをしています。

こうした手首のスムーズな動きができないと、**ひじや肩の関節の動きで補おうとするので、フォームがどんどん崩れるうえ、それらの関節周辺への負荷が増大し、さまざまな障害・ケガを招いてしまいます。**

しかし逆に、この動きも含めて、橈側手根屈筋と尺側手根屈筋のトレーニングによる効果が得られると、意のままにバットの芯に当てることも、ドライバーでのドロー・フェードのかけ具合も、左右への打ち分けも当然可能になります。

その一方で、読み通りの球が来たのに打ち損じたり、スライスしてＯＢになる回数は減っていきます。

もちろん、こうしたショットを行うには、スキルの要素も含まれています。

ただし、体のコンディションとしては「じゅうぶんにできる状態」に整っています。

スキルを養う練習をしていけば、これまでどんなにチャレンジしてもできなかったようなプレーが実現できるのです。

言い方を換えると、**今までにいくら練習しても＝スキルのトレーニングを積んでも、まったくパフォーマンスがよくならなかった場合、それはスキルの問題ではなく、体の問題である可能性がかなりあり、だからこそサボリ筋トレーニングを始めるきっかけにしてもいいと思います。**

ちなみに、おおよそひじから手首を通り、指先まで伸びている橈側手根屈筋・尺側手根屈筋をバランスよく鍛え、サボリ筋にさせずにいれば、ひじが曲がって脇が浮くようなこともなくなります。

つまり、**ゴルフひじやテニスひじの予防・改善にも役立つということです。**

根本的に、振るスピードがどれだけ上がっても、スイングが正確でなければ、まともにボールに当たらないので話になりません。ひるがえって、今お話しした多様なプレーをできるようになれば、大きなパフォーマンスアップと言っていいでしょう。

加えて、第6章で紹介した手のひらの親指の下にあるふくらみ（母指球《ぼしきゅう》）をつくる筋肉（母指球筋）のトレーニングや、小指の下にあるふくらみ（小指球《しょうしきゅう》）をつくる筋肉（小指球筋）のトレーニングも併せて行うと、パフォーマンス向上の確率は間違いなく高まります。

テイクバック&フォロースルーが大きくなり、打球のスピードは自然と上がっていく

また、バット・クラブ・ラケットを握ることは、肩〜腕を振ることですから、肩周りのサボリ筋トレーニング＝肩甲下筋《けんこうかきん》トレーニング（28ページ参照）と上腕三頭筋《じょうわんさんとうきん》トレーニング（30ページ参照）や、肩甲骨周りのサボリ筋＝前鋸筋《ぜんきょきん》のトレーニング（24ページ参照）と菱形筋《りょうけいきん》のトレーニング（26ページ参照）も行うのが理想です。

その狙いは、前章の「投力」アップの内容と非常に似ています。上腕三頭筋は「肩を外側（後ろ側）にひねる動き」を生み出すので、大きなテイクバックに役立ち、肩関節の後ろ側を支えることで構えの安定にも貢献してくれます。

一方、肩甲下筋は「肩を内側（前側）にひねる動き」を生み出し、肩関節の前側を支えているので、インパクトからボールを押し出すようにしてくれます。

さらに、肩甲骨を背骨のほうに引き寄せる働きのある菱形筋を鍛えれば、いっそう大きなテイクバックでスイングできます。加えて、肩甲骨を外側に動かす働きのある前鋸筋を鍛えれば、フォロースルーも大きくできます。

これらの効果が相乗的に作用すれば、バット・クラブ・ラケットを振る際のヘッドスピードは上がり、それに伴って打球のスピードも上がっていくのです。

女子プロゴルファーが40代で350ヤード！
プロ野球選手のヘッドスピードは計測不能！

ゴルフ／男性・40代

私の知り合いの理学療法士の男性は、もともとドライバーで250ヤードを飛ばせる人でした。ただ、そこからサボリ筋トレーニングを開始すると、最高で320ヤードの飛距離を達成。

彼いわく、ヘッドスピードを計測すると、「タイガー・ウッズとほぼ同じだった」とのことですから、秒速50ｍ台後半という数字なのでしょう。結局、彼は病院で理学療法士として働きながら、ドラコンプロのテストを受け、見事合格していました。

ゴルフ／女性・40代

また、ある女子プロゴルファーは、特別なウエイトトレーニングなどせず、サボリ筋トレーニングに励んだ結果、40代にして自己最高の350ヤードも飛ばせたそうです。

野球／男性・10代

野球界でも、あるプロ野球選手は、サボリ筋トレーニングで腰痛・慢性的な肩の痛みを克服。スイングのヘッドスピードを測ろうとしたところ、何度試みても計測不能で、その測定器の上限値を超えていたようです。どのような測定器を使ったのか不明ですが、150㎞／hを超えていたことは間違いないでしょう。

テニス／女性・50代

テニスでは、50代の一般女性がサボリ筋トレーニングを始め、1カ月後からは月に1回はガットを張り替えないといけないほど、明らかにパワーアップしたそうです。スピンのかかり方も大幅によくなって、20代と対等に打ち合って練習しているとのこと。年代別・50代の大会で日本一を目指している夢が叶うのも、そう遠くはないかもしれません。

野球やゴルフでは腰・股関節周りを、テニスでは足首周りを強化して万全に

スイング力アップの最後の仕上げは、腰・股関節《こかんせつ》周りのサボリ筋トレーニング＝腸腰筋《ちょうようきん》のトレーニング（36ページ参照）と多裂筋《たれつきん》・腹横筋《ふくおうきん》のトレーニング（38ペー

ジ参照）です。
これらの筋肉をサボった状態から覚醒させることにより、**「軸足が安定する」「腰が引かない」「体重移動がしっかり行われる」**という、**下半身の安定&スムーズな動きを導きます。**そして、それが総合的な振力向上に役立つということです。

テニスについては、腰・股関節周りの強化よりも、足首周りの強化を追加するのがいいでしょう。なぜなら、**野球やゴルフと比べ、テニスのスイングは圧倒的に動きながらの場面が多く、とりわけ左右への小刻みな動き・サイドステップを用いたシーンが多いからです。**その能力が高まれば、どんな状況でも自分のスイングができますし、スイングするための時間をつくることもできます。

足首周りを強化する具体策は、後脛骨筋《こうけいこつきん》のサボリ筋トレーニング（44ページ参照）と腓骨筋《ひこつきん》のサボリ筋トレーニング（46ページ参照）です。これらの筋肉を鍛えることが、横方向への瞬間的なサイドステップの力を高める理由については、第4章で詳しくご説明していますから、そちらを参考にしてください。

第 8 章

泳

肩甲骨を強化し
「泳力」を高める

まず最初に行うべきは、肩甲骨を強化する前鋸筋&菱形筋トレーニング

水泳の「泳力」を高めるために最優先で行っていただきたいのは、肩甲骨周りのサボリ筋トレーニング＝前鋸筋《ぜんきょきん》のトレーニングと菱形筋《りょうけいきん》のトレーニングです。

ただし、泳ぐときは上半身の動作が非常に大きくなるため、肩周りのサボリ筋トレーニング＝肩甲下筋《けんこうかきん》のトレーニング（28ページ参照）と上腕三頭筋《じょうわんさんとうきん》のトレーニング（30ページ参照）も、上記したトレーニングに次いで重要です。

それは、泳ぐ力を効率的にアップさせるなら、

①水の抵抗を減らす

②手で漕ぐ力を大きくする

という2つのアプローチが考えられるからです。

水泳という競技・スポーツは、練習による「スキルアップ」がパフォーマンス向上

に確かにつながっていますが、**現在感じている“上達の限界”を超えるには、体の内側から泳力をアップさせることも必要です。そこで有効なのがサボリ筋トレーニングです。**

具体的に言えば、前鋸筋と菱形筋を鍛え、肩甲骨の動きと安定性をよくすることは、上記した①と②の両方に好影響をもたらすため、泳力アップにつながるのです。

まず、①に関しては、水の抵抗を最小限にする姿勢＝ストリームラインをつくるうえで、肩甲骨の動きと安定性が絶対に必要になるということです。

泳力を高める！
肩甲骨周りのサボリ筋トレーニング

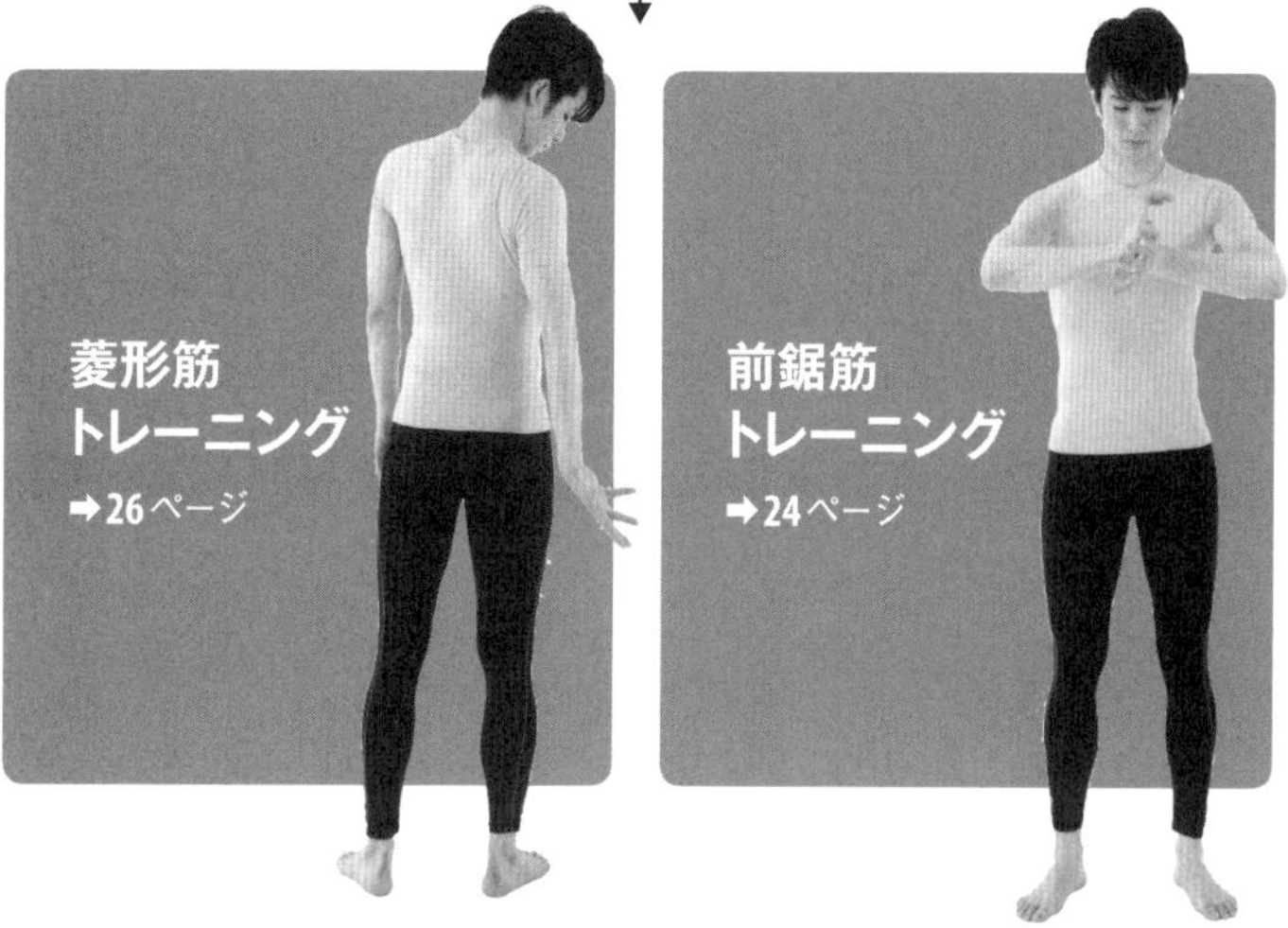

例えば、**両腕を進行方向に真っ直ぐ伸ばし、腕を耳にピッタリつけた状態をキープしたいともなれば、肩甲骨周りの筋肉がバランスよく働き、動くことも固定することもなんなくできる〝機能的な肩甲骨〟でいることが不可欠です。**

また、両腕を進行方向に真っ直ぐ伸ばした姿勢を取るときには、当然ながら肩の関節や筋肉も連携して働きます。

ですから、肩を前後で支えている肩甲下筋や上腕三頭筋がサボっていては本来の力が発揮できなくなるのです。

このように、水の抵抗を減らすためのストリームラインのことだけをみても、肩甲骨周りのサボリ筋トレーニング、肩周りのサボリ筋トレーニングの両方を、ともに実践するのが理想的な強化プログラムだとおわかりになると思います。

ストロークの問題を改善！
速く泳ぐための推進力が大きくなる

前項の②「手で漕ぐ力を大きくする」については、腕全体の動きが生み出す力なので、肩甲骨・肩周りの筋肉の働き具合が、よりダイレクトに影響します。

こちらも、クロールのときのストロークを具体例として考えると、

■キャッチ（入水した腕を下に動かし、手のひらで水をとらえる動作）

⬇

■プル（キャッチをした水を胸の下へ引き寄せる動作）

⬇

■プッシュ（水を体の後方に押し出す動作）

⬇

■リカバリー（後ろにかいた手を水面から出しながら前に戻す動作）

などの流れの中では、肩甲骨も肩もきわめて大きく動き、それができてこそ推進力も大きくすることができるのです。

なお、本書ではここまで、立った状態の姿勢をベースに、サボリ筋の働きをご説明してきました。

しかし、水泳をするときは、立った状態とは姿勢が異なるため、肩甲骨・肩周りの筋肉が働く範囲がわかりづらくなるかもしれません。

そこで念のため、泳ぐ体勢での働く範囲を記しておきます。

■クロールやバタフライの体勢の場合

自分の体の頭上（進行方向）～胸の前あたり（水中の真下）の範囲に腕を動かすときには、肩甲骨周りでは前鋸筋、肩周りでは肩甲下筋を、よりいっそう働かせる必要があります。

一方、その後の腕の動きに相当する、胸の前あたり（水中の真下）～自分の体の後方（水面の外）の範囲では、肩甲骨周りでは菱形筋、肩周りでは上腕三頭筋を、よりいっそう働かせる必要があります。

■背泳ぎの体勢の場合

自分の体の前方（水面の外）の範囲に腕を動かすときには、肩甲骨周りでは前鋸筋、肩周りでは肩甲下筋を、よりいっそう働かせる必要があります。

一方、自分の体の後方（水中）の範囲に腕を動かすときには、肩甲骨周りでは菱形筋、肩周りでは上腕三頭筋を、よりいっそう働かせる必要があります。

本章の冒頭でも簡単に触れましたが、**ストロークの一連の流れの中で、「ピンポイントに改善すべきところがわかっているのに、いくら練習しても動きがスムーズにいかない」という場合は、その動きを生み出す筋力が不足しているかもしれません。**

そんなときはぜひ、この内容を参考にして、当てはまるサボリ筋トレーニングを積極的に行ってみてください。

平泳ぎについては、前へ進むためのメインの原動力は、上半身ではなく下半身の筋肉です。以降のページで、下半身の筋力の要である腰・股関節《こかんせつ》周りの筋肉について触れますので、そちらを参考にしてください。

自己ベストを7秒、13秒と続々更新！ 県の新記録樹立でインターハイ出場も

水泳／男性・10代

「練習を一生懸命続けているのに、約1年間もタイムが伸びない」。そう言ってスランプに陥っていた中学2年生の男子生徒は、実は泳ぐときの全身のブレが大きく、ムダな動きがタイムロスにつながっていました。種目は平泳ぎです。

しかし、サボリ筋トレーニングを練習に取り入れると、手足の動きがスムーズになり、全身の力が泳ぎに効率的に伝わったようで、パフォーマンスがみるみる向上。すると、100mは自己ベストを7秒更新、200mでも13秒更新という、目覚ま

しい結果を残しました。

水泳／男性・10代

また、別の中学1年生の男子生徒は、サボリ筋トレーニングで左右のバランスが均等になり、泳ぐうちに右へ寄ってしまう癖を克服できたそうです。さらに、長距離を泳いでも、練習がハードなときでも、疲れにくくもなったといいます。

そして、タイムとしては、200m個人メドレーで自己ベストを7秒更新、100m平泳ぎで3秒更新を成し遂げました。

水泳／男性・10代

自由形では、ある高校2年生の男子生徒が、50mで0・20秒、100mで2・09秒、自己ベストを更新しています。

水泳／女性・10代

女子でも、ある高校1年生の水泳部員は、100m背泳ぎで自己ベストを1・3秒も縮めて、県の新記録を樹立。インターハイに出場できました。

腰・股関節も鍛えてストリームラインは完璧 平泳ぎにも効果的！

前述したストリームラインをつくるためには、下半身の腰・股関節周りの筋肉＝腸腰筋《ちょうようきん》と多裂筋《たれつきん》も大いに関係しています。それは、**これらの筋肉がサボっていると、腰が反ったり丸まったりして、その〝滑らかではない姿勢〟が水の抵抗を受けてしまうからです。**

すでにお話ししてきたように、腰・股関節は、前側を腸腰筋が支え、後ろ側を多裂筋が支え、横側を腹横筋《ふくおうきん》が支えています。ですから、これらの筋力をバランスよくするために腸腰筋のトレーニング（36ページ参照）と多裂筋・腹横筋のトレーニング（38ページ参照）を活用し、水の抵抗が少ないストリームラインを安定させてください。

特に、**腰が引けた泳ぎの姿勢になってしまうと、水の抵抗をかなり受けやすくなりますから、腰を前に出す働きのある多裂筋・腹横筋のサボリ筋トレーニングを意識的に行うといいでしょう。**

また、平泳ぎでのメインの推進力になる脚の動きは、〝脚で水を挟むような動作〟です。そして、その動きをするためには、股関節を開いたり、大きくひねったりする必要があります。

と同時に、両脚を真っ直ぐ伸ばした状態でキープする場面もあります。

ですから、腸腰筋と多裂筋・腹横筋のサボリ筋トレーニングは、平泳ぎの泳力アップを目的とするなら、最優先で行うようにするといいでしょう。

「バタフライでうまく泳ぎたい」という方にも、腰・股関節のサボリ筋トレーニングが奏功します。**バタフライは、腰の動作が特徴的な泳法で、水面から起き上がるときは手の力だけでなく、腰の力も必要になるからです。**

さらにいうと、ここまでの内容の通り、肩甲骨、肩、腰・股関節の周りの筋肉を鍛えると、体幹も大きく動かせるようになり、筋力バランスも整って、真っ直ぐ泳げるようになります。泳いでいるうちに左右どちらかへ寄っていってしまうのは、とりわけ**泳力に関係する筋肉の力が、左右で差がある場合によく起こります。**隣で人が泳いだことによる波の影響ではなく、体の左右での筋力差が主な原因なのです。

これは、学校の授業や趣味で水泳をしている人だけに限らず、程度の違いこそあれ、競技レベルで泳いでいる人にもつきものの悩みです。これまで、解決の糸口がなかなか見つからなかった人も、サボリ筋トレーニングで悩みを払拭し、美しいフォームと強いストロークを手に入れ、タイムの短縮などの結果に結びつけてください。

第9章

ベストパフォーマンスの

確率をさらに上げる秘訣!

より高いレベルを目指すために有効な「今の体の状態」に合ったメニューを

ここまでお伝えしてきた内容を実践されれば、あなたの運動能力は向上します。「○力を高める」とターゲットを絞ったうえで、効果的なサボリ筋トレーニングを2～4種類行っていれば、それは当然のことなのです。

プレー中や運動中に、「動きの質と量がともに向上した」と実感する機会は間違いなく増えていきますし、その「感覚の変化」がタイム・スコアなどの「数字の変化」としても着実に現れてくるはずです。

ただ、かなり真剣にスポーツに取り組んでいる方々が「もっと高いレベルへ！」という気持ちを抱くことは、私もよくわかります。

また、「サボリ筋トレーニングによるいい変化を『より確実に』手に入れたい」「最初から『全種類のサボリ筋トレーニング』を実践したい」という人もいらっしゃるでしょう。そこで、本書の最終章になるこの第9章では、そうした方々にぴったりのメニューをご紹介します。

具体的には、

①上半身と下半身、それぞれの全体的なボディバランスをチェックする
②12あるサボリ筋＆6つの重要関節を、ピンポイントにチェックする
③全種類のサボリ筋トレーニングを行う場合の実践順序

について、順を追ってご説明していきます。

実は、これら①②③のそれぞれには、きちんとした意味があります。

詳しくは後述しますが、いずれにも共通していえるのは「今の自分の体の状態」をしっかり見極め、その状態に合った「自分オリジナルのメニュー」を実践するということです。

パフォーマンスアップへの意識・希望の度合いが高い人ほど、ぜひ試していただきたいと思います。

「弱いほう」は伸びしろを生かし、「強いほう」は非効率な動きを解消する

上半身全体のボディバランスをチェックするうえで最適なのは、イスを使ったサイドプランクです。

左ページにある要領で行った際、「腰が後方へ引けてしまう」「逆に前方へ反ってしまう」「腕をグッと止められない」となれば、上半身はまだまだ強化の余地があると考えましょう。

また、左右を入れ替えたときの状態を比較することで、その上半身の「左右のどち側をいっそう意識すべきか」もわかります。

このテストでは「下になっているほうの上半身」の状態がより強く反映されます。

つまり、「右ひじを床につけて行うときは問題ないが、左ひじを床につけて行うとうまくできない」という人の場合は、**上半身の左右両側のうち、左側のほうが特に弱い**

1 上半身をチェック イスでサイドプランク

1 足首をイスにかけ、ひじを床につく

座面の高さ40～50cmのイス・ソファー・台などの前で、床に横向きに寝て、上にあるほうの足首だけをイスなどにかける。肩の真下にひじがくるように、曲げたひじを床につく。
※写真は、右側の上半身をチェックする場合

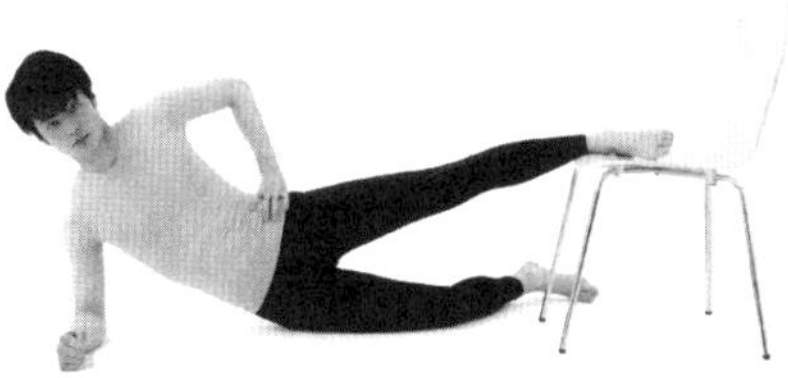

2 体を床と平行に持ち上げる

床と平行の高さになるまで、体を持ち上げる。その際、「二の腕が床と垂直になる」「腰が丸まったり反ったりしない」ように注意しながら、体勢を30秒間キープする。左右を入れ替えて、同様にチェックする。

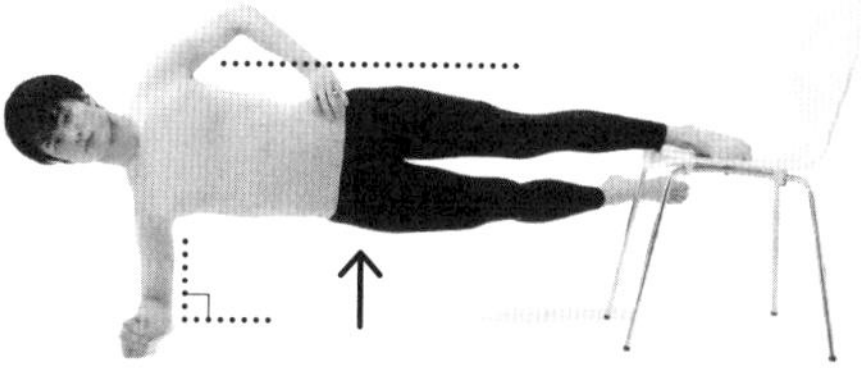

NG

床についた腕や腰が、折れ曲がっている

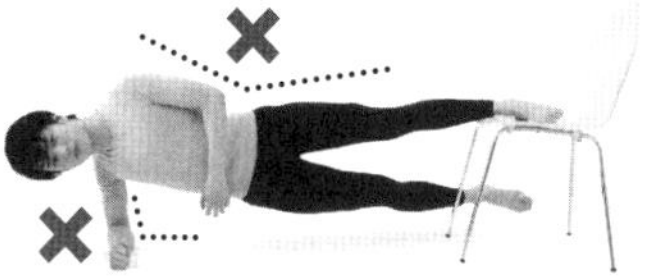

腰が引けて、丸まっている

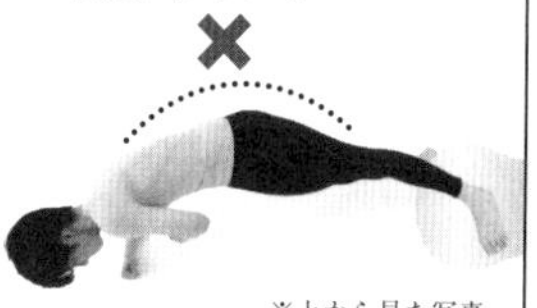

※上から見た写真

状態になっているということです。

こうした左右の違いを知るためにも、足首を乗せるイスなどの高さには注意してください。なぜなら、これが高すぎると、左右のボディバランスの違いをチェックしづらくなってしまうからです。

足首を乗せてキープの体勢になったとき、体のラインが床と平行になっていない、特に〝足先のほうに向けて高くなっていく状態〟だと、意外と楽にできてしまうため、左右での違いが現れにくいのです。

この点に気をつけながらチェックを行い**「左右のうちの弱いほう」がわかったら、今後はそちら側のトレーニングメニューを1～2セット多く行うなどして、「弱いほう」の強化を図っていきましょう。**

そのことが、「弱いほうの伸びしろ」を生かすことになります。さらに、「強いほうが非効率的に動いている」という問題を解決することにもつながっているのです。

なお、このテストは、「上半身の左右の差」をメインにチェックする方法ではありますが、実はイスなどに足を乗せている側の下半身の影響も現れます。

どういうことかというと「右ひじを床につけ、左足首をイスなどに乗せて行うと体勢をキープできない」というケースでは、**上半身の右側が弱いと同時に、下半身の左側も弱くなっている可能性があるということです。**

下半身をメインにチェックする方法は、次に詳しくご紹介します。

ただ、「右ひじを床につけ、左足首をイスなどに乗せる」がうまくできないとなると、「上半身の右側がうまく使えていない」「下半身の左側までもうまく使えていない」という可能性が高く、具体的には右利きの人の野球でのピッチング、テニスでのフォアハンドなどの動きをする際のマイナス要素になります。

このような動きの質を高めたいという方は、覚えておいて損はないでしょう。

〝片脚上げバージョン〟にアレンジして左右のバランスの違いを知る

上半身の場合と同様、下半身全体のボディバランスをマクロ的にチェックするために最適なのは、スクワットの体勢をキープするテストです。

左ページにある要領で実践しようとしたとき、**「すねの〝縦のライン〟が床と垂直なままでは行えない」「足裏がどうしても床から離れてしまう」「背中が丸まってしまう」となれば、下半身のサボリ筋トレーニングもいっそう積極的に行いたいものです。**

私のこれまでの経験では、このように両足の裏をつけたままの状態でも、スクワットの体勢を30秒間キープできない人がかなりいらっしゃいます。

ですから、ここでは〝両足の裏をつけたバージョン〟の写真にしていますが、**上半身のテストと同じく「左右のどちらが弱く、どちらが強いか」を知るためには、腰を落とした後、片脚を少し上げて、〝片脚上げスクワットでキープ〟にアレンジしてみてください。**

そして、上げる脚を左右で入れ替え、それぞれでのキープ具合を比較すれば、下半身の左右の差をチェックできます。

その結果、例えば「右脚だけで行うときは割と安定しているけど、左脚だけだとグラグラしてダメ」となると、下半身では左側が「弱いほう」に相当し、右側が「強いほう」ということになります。

2 下半身をチェック スクワットでキープ

1 **背すじを伸ばし、上半身を前に倒す**

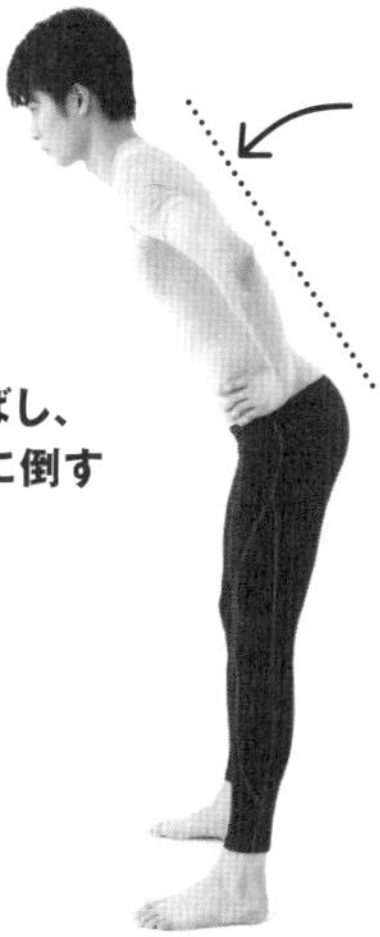

腰幅程度に両脚を開いて立ち、左右の骨盤上部に両手のひらを当てて背すじを伸ばし、上半身を前方へ少し倒す。

2 **腰を落とす**

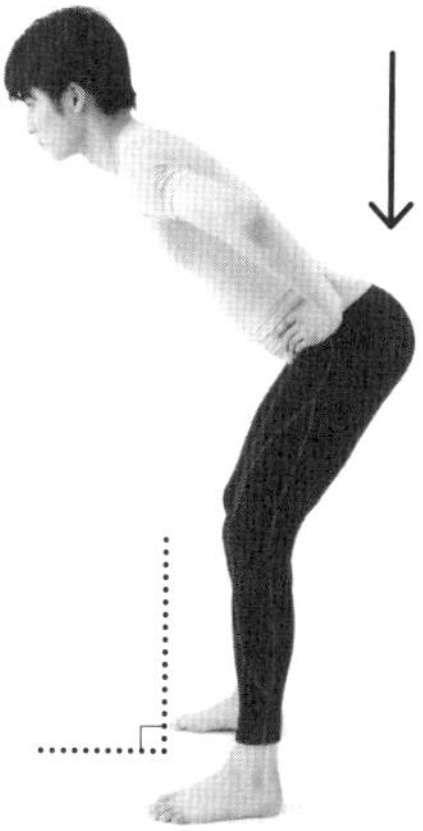

1の姿勢を保ったまま、腰を落とす。その際、「背すじは伸ばしたまま」「足の位置をズラさず、足裏が床から離さないようにする」「すねが床と垂直になる」ように注意しながら、体勢を30秒間キープする。

そしてやはり、「弱いほうの伸びしろ」を生かし、「強いほうが非効率的に動いている」という問題を解消するため、**「左右のうちの弱いほう」のトレーニングメニューを1〜2セット多く行うことをお勧めします。**

特に、サッカーや格闘技などで大きく振る脚の反対側に当たる「軸足」や、片脚立ちでプレーする場面がよくある競技での「その踏ん張るべき片脚」が弱くなっている場合は、そちらを多めにトレーニングすると、クオリティを大幅にアップさせることができます。

ちなみに、両脚で同時に跳ぶときでも、下半身の左右のバランスが取れているのが理想ですから、「弱いほう」のトレーニングが奏功するのは間違いありません。

自分のウィークポイントを正確に知り、サボリ筋トレーニングにフィードバックする

ここまででご紹介したボディバランスチェックは、上半身・下半身の状態をマクロ的に確認するものでした。

上半身と下半身のサボリ筋で、拮抗筋《きっこうきん》の関係や共同筋の関係にある複数の筋肉の釣り合いがうまく取れているかを見極めていたわけです。

ここからは、12種類のサボリ筋&6つの重要関節をミクロ的にチェックする方法をお伝えしたいと思います。

こちらはよりポイントを絞った方法なので、確認できる内容もピンポイントです。**いちばんの狙いは「各種サボリ筋トレーニングをうまくできているのか否か」をチェックすることになります。**

実際に行うときは、まず最初に、**1**「腰・股関節《こかんせつ》・ひざ」のチェックをしてください。全身の関節や筋肉はつながっているため、たとえ肩の状態がいまひとつでも、このチェックテストに必ず影響が現れるからです。

そして次に、**2**「肩甲骨・肩」のチェックをします。

もし、**1**「腰・股関節・ひざ」のチェック「その1」「その2」が両方ともやりづらかったり、左右の動かしやすさに違いがある場合は、足首を支える筋肉がサボリ筋になっている可能性があるので、**3**「足首」のチェックも行ってください。

同様に、**2**「肩甲骨・肩」のチェック「その1」「その2」が両方ともやりづらかったり、動かしやすさに左右差があった場合は**4**「手首」のチェックもしてください。

こうすることでウィークポイントをいっそう正確にあぶり出し、「そのサボリ筋を鍛えるために行っていたトレーニングがうまくできていたのか」「これから特に強化・重視すべき関節&筋肉はどこか」をしっかり確認していきます。

以降のチェックテストの結果を、今後のサボリ筋トレーニングにフィードバックするための判断基準は、以下の通りです。

1「腰・股関節・ひざ」のチェック

■「その1」がやりづらい➡腸腰筋《ちょうようきん》と内側《ないそく》ハムストリングスのトレーニングを

■「その2」がやりづらい➡多裂筋《たれつきん》・腹横筋《ふくおうきん》と内転筋《ないてんきん》のトレーニングを

2「肩甲骨・肩」のチェック

■「その1」がやりづらい➡前鋸筋《ぜんきょきん》と肩甲下筋《けんこうかきん》のトレーニングを

■「その2」がやりづらい⬇菱形筋《りょうけいきん》と上腕三頭筋《じょうわんさんとうきん》のトレーニングを

3「足首」のチェック

■内側にひねって倒すのがやりづらい⬇後脛骨筋《こうけいこつきん》と母趾球《ぼしきゅう》のトレーニングを

■外側にひねって倒すのがやりづらい⬇腓骨筋《ひこつきん》と小趾球《しょうしきゅう》のトレーニングを

4「手首」のチェック

■内側にひねって倒すのがやりづらい⬇橈側手根屈筋《とうそくしゅこんくっきん》と母指球《ぼしきゅう》のトレーニングを

■外側にひねって倒すのがやりづらい⬇尺側手根屈筋《しゃくそくしゅこんくっきん》と小指球《しょうしきゅう》のトレーニングを

各チェックテストをする際、やりづらさのほか、突っ張るような感覚や軽い痛みを覚えたり、実際につったりすることもあるかもしれません。それは、**働くべき筋肉がサボっていると同時に、関節の可動域が狭まっているサインでもあるので、この判断基準をうまく活用しつつ、サボり筋トレーニングに精力的に取り組んでください。**

1「腰・股関節・ひざ」のチェック

その1 体を左右に大きく倒す

肩幅程度に両脚を開いて立ち、腕は楽にして、体を左右にできるだけ大きく倒す。倒す方向に体重移動はするが、足裏の位置はズラさず、床から離さないようにすること。

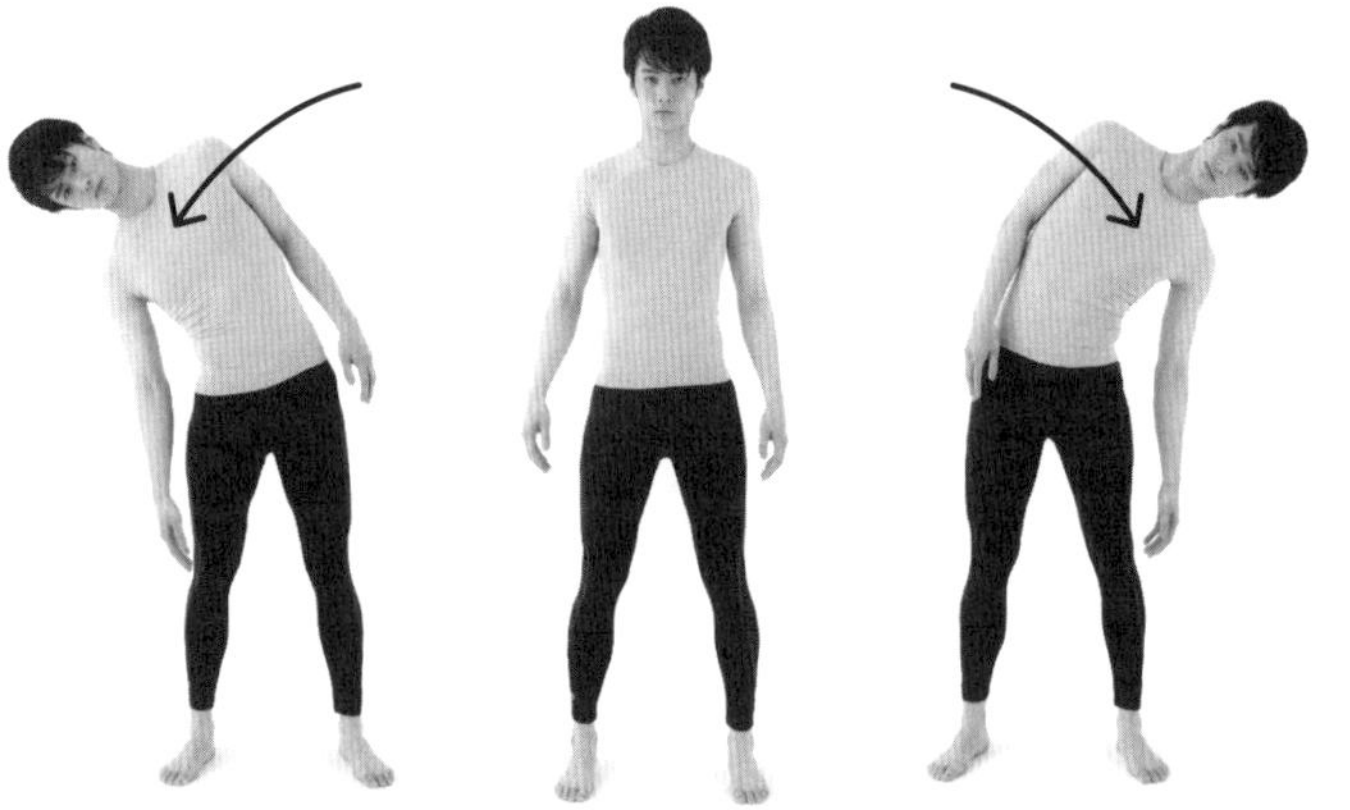

その2 体を左右に大きくひねる

肩幅程度に両脚を開いて立ち、腕は楽にして、体を左右にできるだけ大きく回旋させる。足裏の位置はズラさず、床から離さないようにすること。

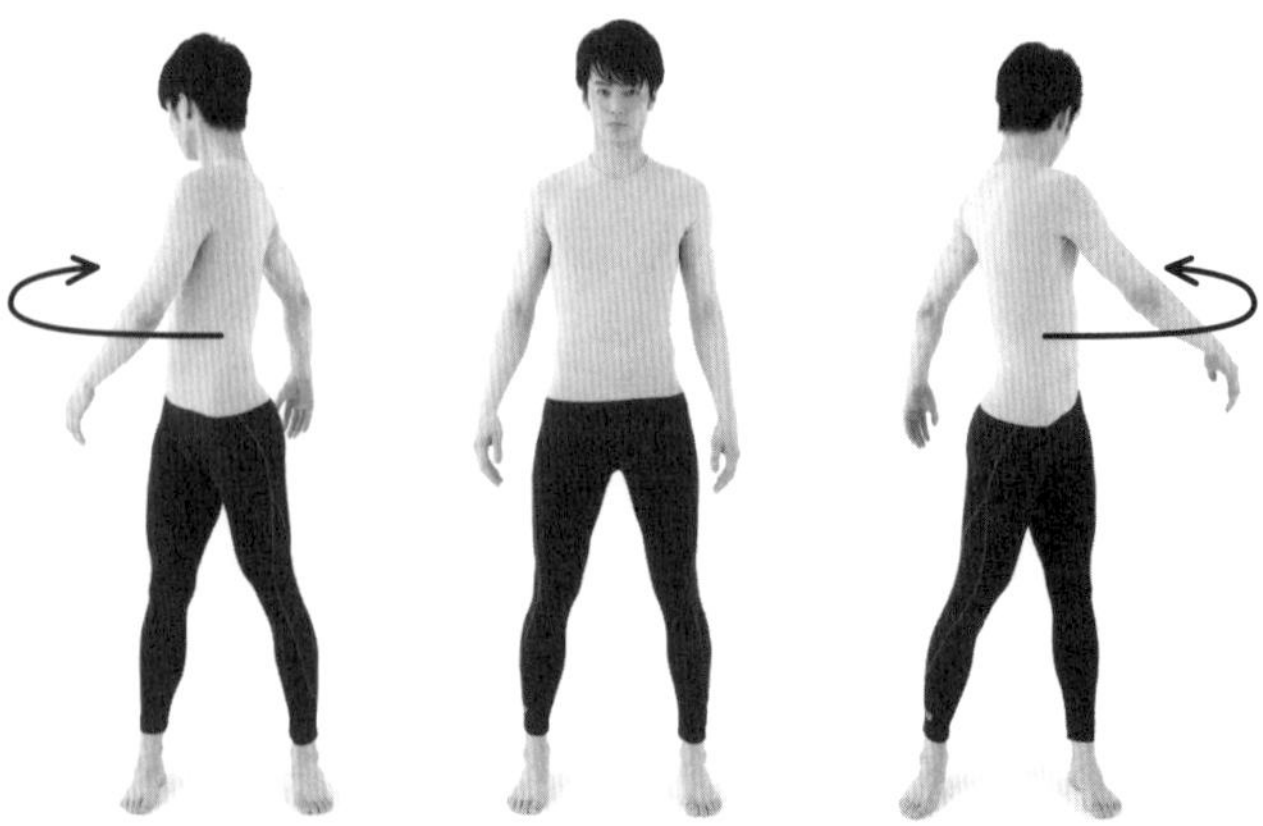

2「肩甲骨・肩」のチェック

その1

1　骨盤上部の“骨の出っ張り”に、手の甲を当てる

肩幅程度に両脚を開いて立ち、背すじを伸ばしたら、体の側面にある骨盤上部の“骨の出っ張り”に手の甲を当てる。
※写真は、右側の肩甲骨・肩をチェックする場合

2　腕全体を前方に持っていく

全身の姿勢・手の甲の位置はズラさず、腕全体、特にひじを真正面の前方に持っていく。左右を入れ替え、同様にチェックする。

その2

1　片腕を真っ直ぐ上げ、ひじを上に曲げる

肩幅程度に両脚を開いて立ち、背すじを伸ばしたら、片方の腕を体の側面で真っ直ぐ上げ、ひじを上に曲げて手のひらを自分に向ける。
※写真は、右側の肩・肩甲骨をチェックする場合

2　腕全体を後方に持っていく

全身の姿勢・手の向きはズラさず、腕全体、特に前腕を後方に持っていく。左右を入れ替え、同様にチェックする。

3 「足首」のチェック

1 床に座って、足指で「グー」をつくる

床に座ってひざを曲げ、足首を軽く伸ばしたら、かかとを床につけたままつま先を上げ足指をギュッと強くにぎって「グー」をつくる。

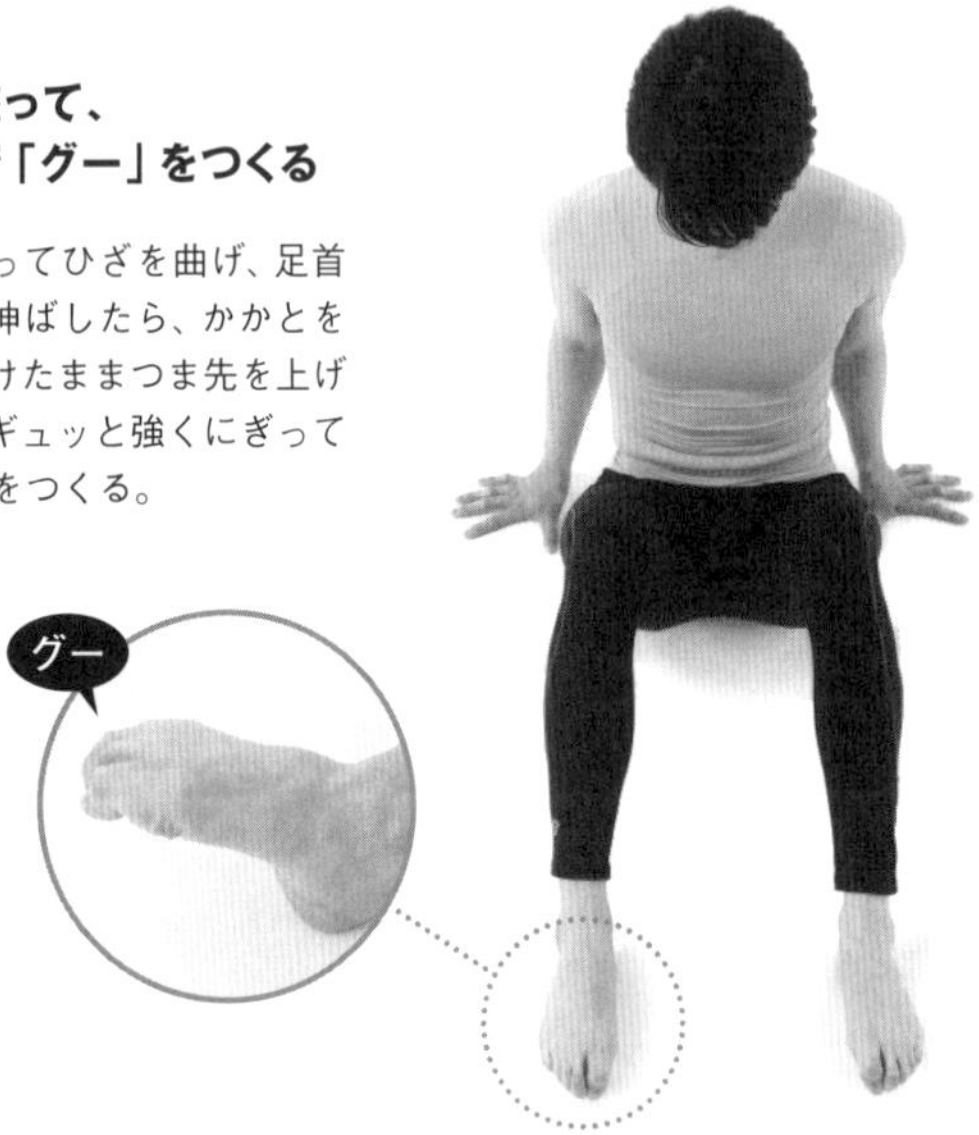

2 足首を内側・外側にひねって倒す

足指「グー」の形にしたまま、ひざ・かかとの位置はズラさずに、足首だけを内側・外側にひねって倒す。内側に倒すときは「足首・足指の内側」に力を入れ、外側に倒すときは「足首・足指の外側」に力を入れるようにすること。

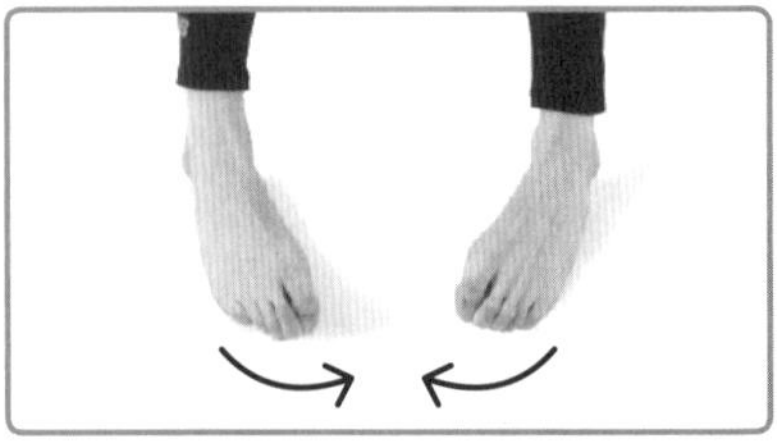

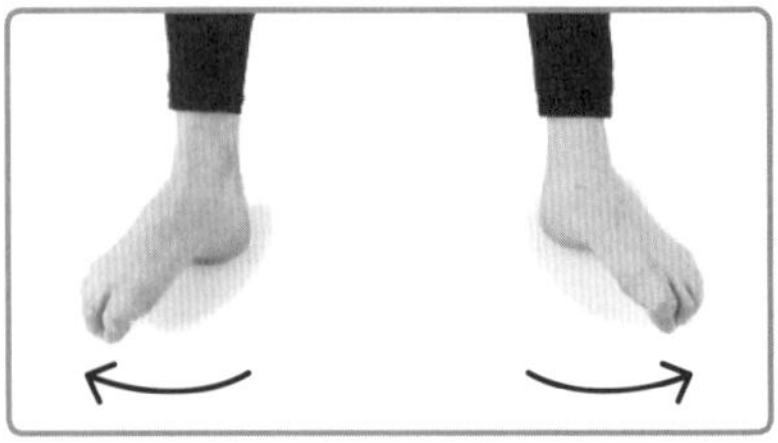

4「手首」のチェック

1 腕を曲げ、手首の下に反対の手のひらを添える

脇を締め、片方の腕を体の側面で固定しながら直角に曲げる。その手首の下に、反対の手のひらを添える。
※写真は、右側の手首をチェックする場合

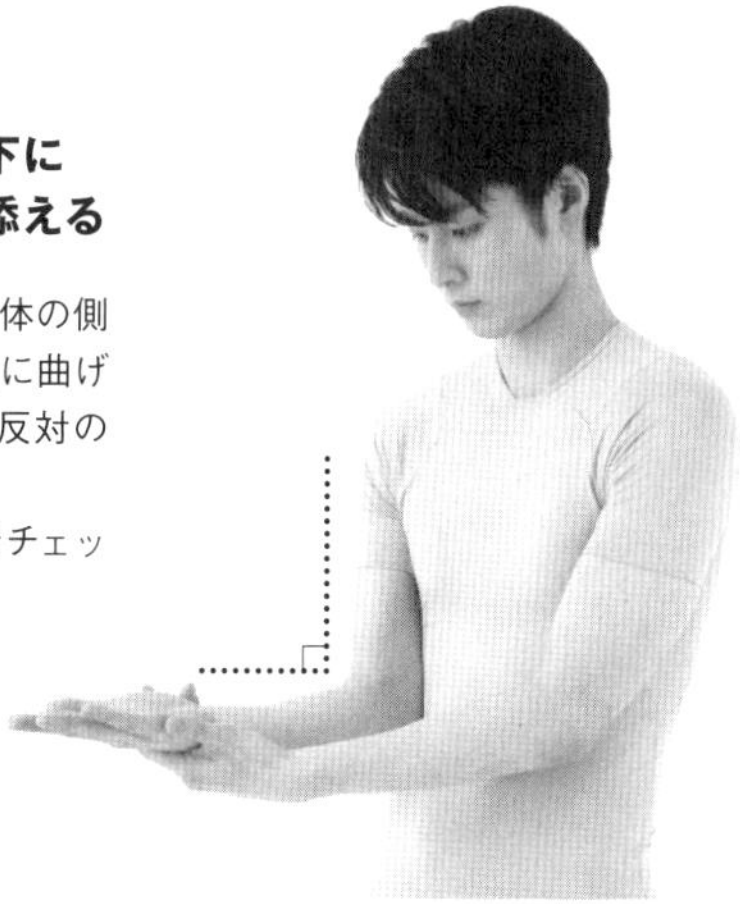

2 手首を内側・外側にひねって倒す

下に添えた手の指の力も使いながら、手首だけを内側・外側にできるだけ回旋させる。左右を入れ替えて、同様にチェックする。手首を回旋させるほうの腕は、脇を締めたままで、ひじを脇腹に固定したまま行うこと。

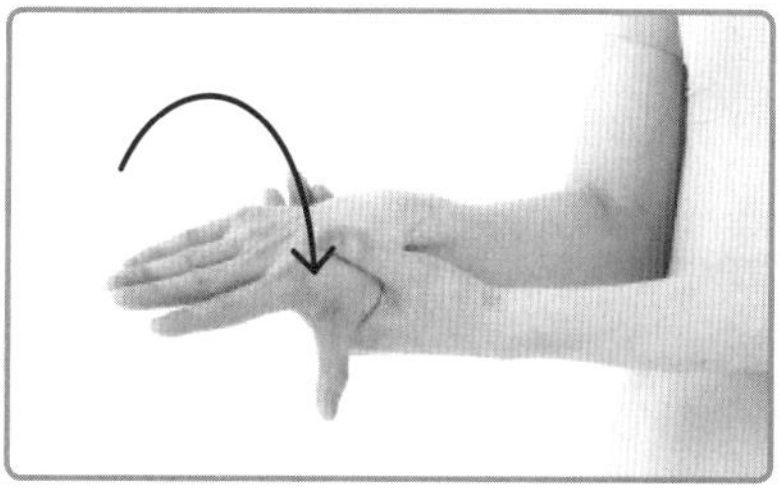

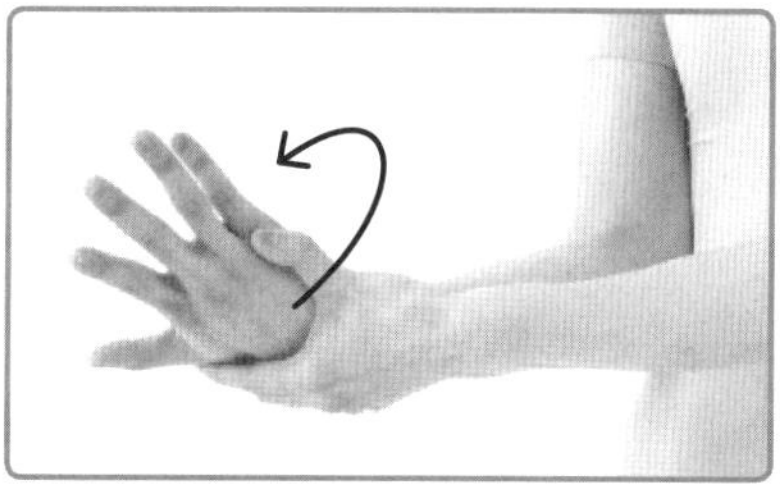

練習前・試合前に行うと抜群の効果！全身のトレーニングプログラム

本書の締めくくりとして、サボリ筋トレーニングの全種類を一連の流れで行って、絶大な運動能力の向上効果をもたらす完全版＝「サボリ筋のサーキットトレーニング」をご紹介します。

1つのサボリ筋トレーニングにかかる時間は、たったの10秒。1種類につき3セットずつ行うのが理想です。それでも、上半身・下半身とも5分以内で終わり、全身をくまなくトレーニングしても約10分で終了します。

これだけ短時間で終わるメニューですが、一連の流れには「重要な関節と筋肉の関係」「拮抗筋と共同筋《きょうどうきん》の関係」などをすべて考慮したうえで、各種サボリ筋トレーニングを順番に配置し、組み合わせています。

誰もが最大のパフォーマンスを発揮できるよう、考案したプログラムなのです。

この超効率的サーキットトレーニングは、練習前・試合前など、「運動・スポーツをする前」に活用することをお勧めします。

読者の皆さんはこれまで、練習前や試合前にストレッチをしてきたと思いますが、**これからはサボリ筋のサーキットトレーニングをまず行い、その後に従来通りのストレッチをしてください。**

そうすることで、「これまで働いていなかった筋肉」にはしっかり力が入るようになり、逆に「働きすぎて硬くなっていた筋肉」は自動的にほぐされます。硬い筋肉がほぐされることで、ストレッチ本来の作用もやっと行き届くようになります。

その結果、**全身の関節や筋肉の総合的なバランスが整い、パフォーマンスの向上、疲労・ケガの予防などにおいて、さらなる相乗効果が生まれます。**

ケガの予防のためにガンバリ筋がかけていたリミッターが外れるので、ストレッチだけを行っていたときの体と比べれば、練習のときには効率的かつ大幅に上達できる状態になり、試合のときには持てる力を十二分に繰り出せる状態になるのです。

今後は、運動・スポーツをする前のルーティーンとすることを大いに推奨します。

1

肩甲骨周りの
サボリ筋❶

前鋸筋トレーニング

➡24ページ

2

肩周りの
サボリ筋❶

肩甲下筋トレーニング

➡28ページ

上半身編

最高のパフォーマンスを発揮したい――そんなときはすべての「サボリ筋トレーニング」を実践！ストレッチの前にサボリ筋を刺激して、眠っている筋肉を目覚めさせよう！

5

手首・指周りの
サボリ筋❶

橈側手根屈筋トレーニング

➡32ページ

6

手首・指周りの
サボリ筋❷

尺側手根屈筋トレーニング

➡34ページ

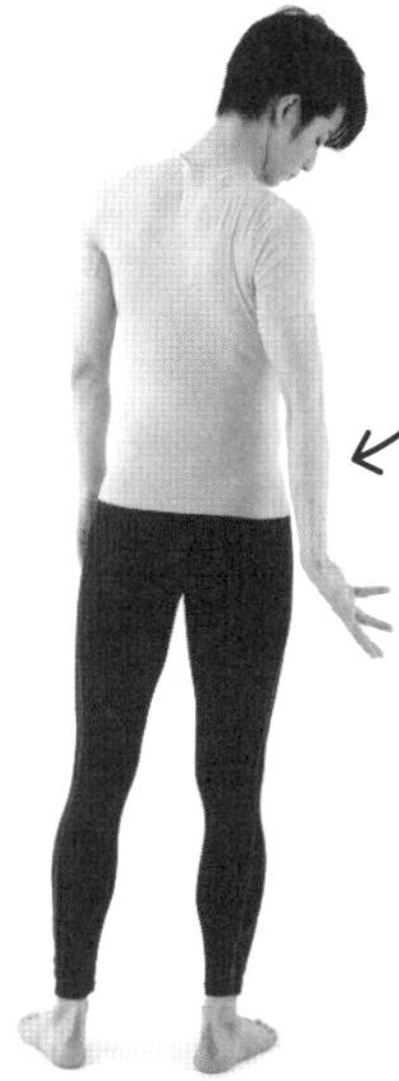

3

肩甲骨周りの
サボリ筋❷

**菱形筋
トレーニング**

➡26ページ

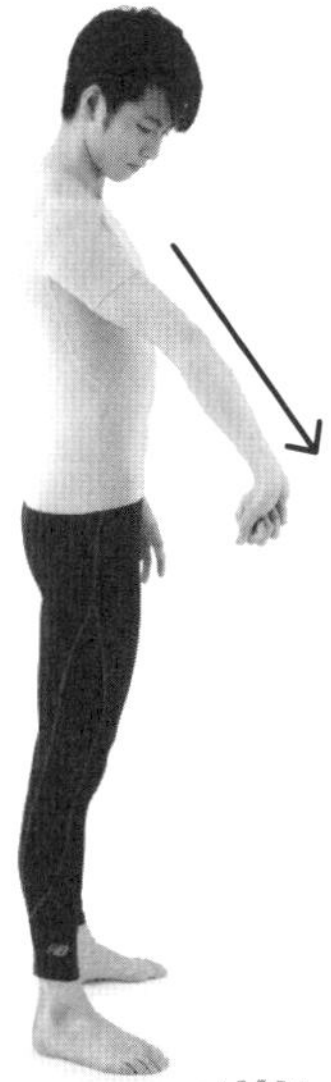

4

肩周りの
サボリ筋❷

**上腕三頭筋
トレーニング**

➡30ページ

試合・練習前の
5分でOK!

すべてのサボリ筋を鍛える
サーキットトレーニング

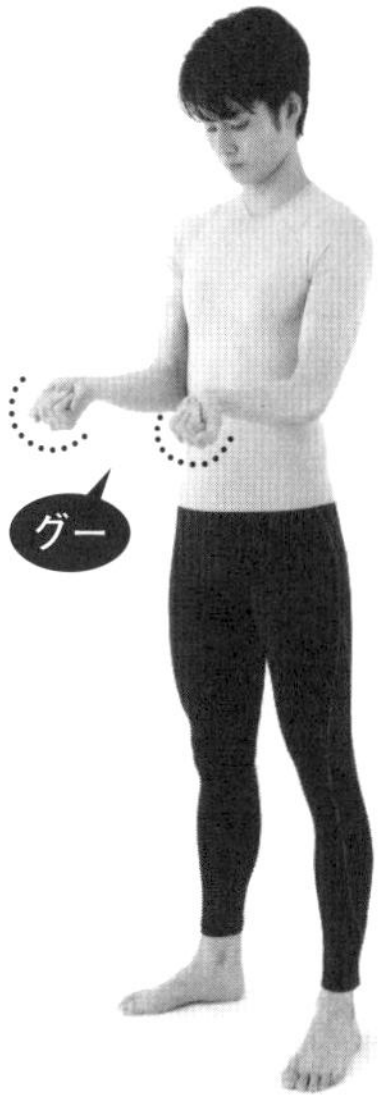

7

手指の
サボリ筋❶

**母指球
トレーニング**

➡158ページ

8

手指の
サボリ筋❷

**小指球
トレーニング**

➡158ページ

10

ひざ周りのサボリ筋❷

内転筋トレーニング

➡42ページ

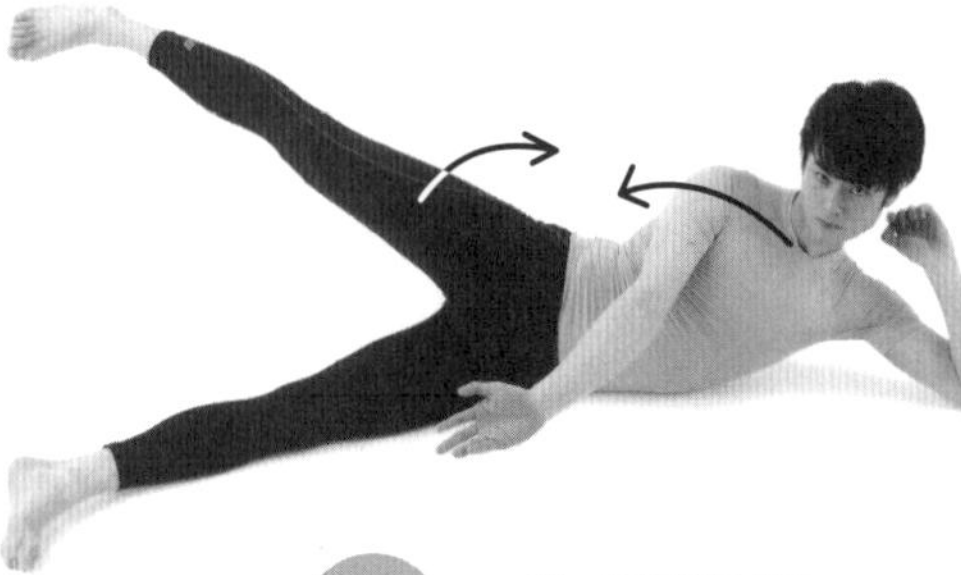

9

腰・股関節周りのサボリ筋❷

多裂筋・腹横筋トレーニング

➡38ページ

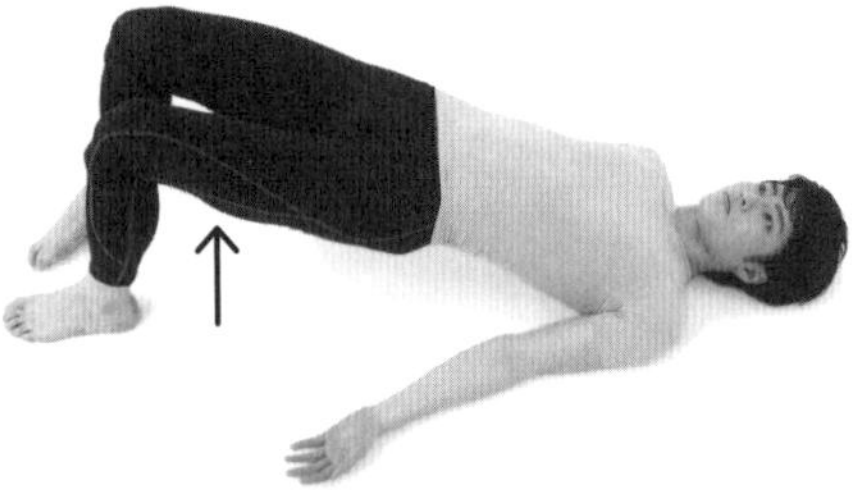

下半身編

上半身の筋肉が目覚めたら、次は下半身。上半身・下半身で各5分ずつのトレーニングはストレッチ前に行うのが効果的です。トレーニング順の番号は206ページの上半身編から続いています。

14

足首周りのサボリ筋❷

腓骨筋トレーニング

➡46ページ

13

足首周りのサボリ筋❶

後脛骨筋トレーニング

➡44ページ

試合・練習前の
5分でOK!

すべてのサボリ筋を鍛える
サーキットトレーニング

11

腰・股関節周りの
サボリ筋❶

腸腰筋
トレーニング

➡36ページ

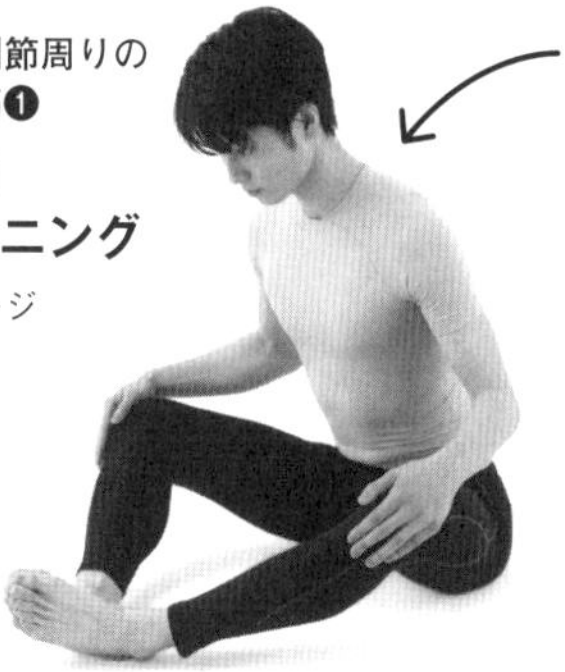

12

ひざ周りの
サボリ筋❶

内側ハムストリングス
トレーニング

➡40ページ

15

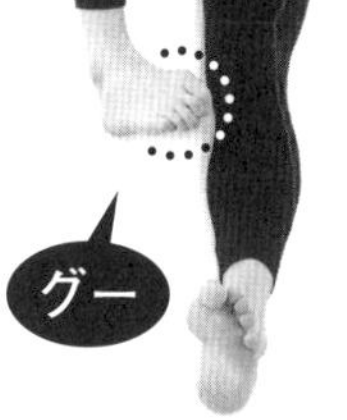

足指のサボリ筋❶

母趾球
トレーニング

➡126ページ

16

足指のサボリ筋❷

小趾球
トレーニング

➡126ページ

おわりに

サボリ筋トレーニングは、従来からある体幹トレーニングやウエイトトレーニングとはまったくの別物です。

本来、体幹やウエイトで一部の筋肉量を増やそうとしても、それは体にとっては〝無茶な注文〟を受けているようなもので、かなりの無理をしなければ実現できません。しかも、それで仮に一部の筋肉が増えたとしても、実際には〝見た目だけの筋肉〟にすぎず、運動・スポーツをするには〝ムダな筋肉〟に終わってしまうケースもよく見受けられます。

体の中心部＝体幹ばかり重視していても、運動能力はあまり向上しません。運動能力向上のためには、手足などの末梢《まっしょう》にも目を向けるべきです。

「私は体幹が弱い」と思っている人は多いようですが、実は「末梢のほうが弱い」という方が実に多いという現状があります。

そもそも、末梢の関節や筋肉が機能していなければ、体幹も機能しないというのがほんとうのところです。

例えば、いくら体幹を強くしたとしても、足首周りがフニャッとしていたら、力が逃げてしまうので絶対に速くは走れず、高く跳ぶこともできません。

手首も、ボールを投げるときにスナップを利かせられないと、肩やひじをひねるというムダな動作を必ずすることになります。

なぜなら、私たちの体では〝弱いところ〟をかばおうとするメカニズムが基本的に働くからです。


体のどこかにサボリ筋があると、そのそばにある関節が大きく動いていく過程で、「これ以上大きく動くと関節が外れてしまう」という限界点がすぐにやってきます。すると体は、そんなことはさせまいと、ガンバリ筋で関節をグッと安定させようとします。

ひとことで言えば、体が無意識のうちに、動きの制限・リミットをかけているわけです。

しかし、サボリ筋がサボらない状態、つまりきちんと機能するようにすれば、関節を大きく動かそうとしたときに〝外れる注意サイン〟は発せられません。

ですから、筋肉をリラックスした状態でじゅうぶんに働かすことができ、これまでの動きの制限・リミットを自らの力で突破できるのです。

私はこれまでに、サボリ筋トレーニングの理論を健康増進に生かすための書籍を記してきました。

ただし、運動・スポーツの能力向上にここまで特化し、内容を凝縮させたのは初めてのチャレンジです。そのチャレンジをして、ほんとうによかったと思います。

サボリ筋トレーニングは、すればするほど、あなたに必要な筋肉・筋力をもたらし、パフォーマンスアップに導きます。

年齢は関係ありません。プロ・アマなどのレベルも問いません。

本書の内容を理解していただき、ご紹介している実践法の通りに行えば、皆さん自身が驚くような変化を遂げられるはずです。そんな一冊を世の中に出すことができたと自負しています。
あとは、実践・継続していただくのみです。しかし「うまくできているのか不安だ」「なかなか続けられない」といった悩みを抱く方もいらっしゃるかもしれません。

そこで、この本をここまで読んでくださったあなたの力になるべく、私の公式ＬＩＮＥでは「サボリ筋トレーニング」についてさらに詳しくお伝えしていきます。また、何か質問がありましたら、できる範囲でお答えしていきます。不定期ではありますがプレゼントも用意していますので、下のＱＲコードからご登録いただければ幸いです。

最後になりましたが、インストラクター養成講座の参加者の皆様、インストラクター講座を受講され全国のスポーツ選手をサポートし、素晴らしい成果と体験者の声をお寄せくださった中山徹さん（青森県・なかやま整骨院）、横谷俊昭さん（東京都多摩市・よこやメンテ〜バレエのための鍼灸マッサージ）、岡井勲雄さん（和歌山県橋本市・ＮＡＯ整骨院）、福富崇晃さん（大阪府・ふくとみ鍼灸マッサージ院）、杉山健司さん（千葉県・からだ活性ラボSUGIYAMA）、宮﨑香絵さん（福岡県・鍼灸整骨ひかり堂）、ほんとうにありがとうございました。素晴らしい技術をお持ちの方々なので、パフォーマンスアップを希望する方はぜひ伺ってみてください。

そして出版のキッカケをくださったKADOKAWAの河村伸治さんと関係者の皆さま、編集してくださった泊久代さん、原稿の構成を手伝ってくださった松尾佳昌さん、おかげで心から良いと思える書籍になりました。ほんとうにありがとうございました。

より多くの人たちが、運動・スポーツをいっそう楽しみ、満足のいくパフォーマンスと結果を残し、充実した毎日を過ごされていくことを心から願っています。

笹川大瑛

2021年6月

今すぐ手に入る！

「運動能力が10秒で上がる サボリ筋トレーニング」読者限定の特別プレゼント

「サボリ筋 全種サーキットトレーニング」動画レッスン！

本書でご紹介した「サボリ筋のサーキットトレーニング」全16種を動画で解説しました。動画をご覧いただくことで、サーキットトレーニングの流れがよくわかるとともに、1つひとつのトレーニングの動きも正しくご理解いただけます。下記からご登録された方全員に動画をプレゼントします。期間限定ですのでお早めにご登録ください。

プレゼントはこちらからアクセスしてください。

URLはこちらです。

https://chiryoka-support.com/ktmm/k

※プレゼント動画はオンラインでご提供します。インターネットがつながる環境でご覧ください。

※公開期限が限られていますので、あらかじめご了承ください。申込締切は2023年12月末までの予定です（ただし予告なくサービスが終了することがあります）。

[プロフィール]
笹川大瑛（ささかわ ひろひで）

理学療法士。一般社団法人 日本身体運動科学研究所 代表理事。教育学修士。剣道六段。日本大学文理学部体育学科卒、日本大学大学院（教育学）卒。運動能力の向上やスポーツが上達する方法を科学的に研究する、運動科学の専門家。理学療法士として運動の研究やリハビリに関わってきた豊富な経験から「関節トレーニング」を考案。体の動きが劇的に変わると評判を呼び、トップアスリートのパフォーマンス向上にも貢献している。現在はボディコンディショニングなどのセミナーを開催。全国から理学療法士、スポーツ指導者、柔道整復師などの専門家が集まり教示を受ける。これまで指導した生徒の数は500名以上。イタリアやオーストラリアなどの海外の生徒にも指導している。著書に『関トレ 関節トレーニングで強いからだを作る』『ひざ・腰・肩の痛みがとれる！ 関トレビジュアル版』（ともに朝日新聞出版）など。

運動《うんどう》能力《のうりょく》が10秒《びょう》で上《あ》がる
サボリ筋《きん》トレーニング
体幹《たいかん》やウエイトより効果絶大《こうかぜつだい》！

2021年6月17日　初版発行
2023年3月20日　9版発行

著　　者　笹川大瑛《ささかわひろひで》
発 行 者　山下直久
発　　行　株式会社KADOKAWA
〒102-8177 東京都千代田区富士見2-13-3
電話 0570-002-301（ナビダイヤル）

印 刷 所　凸版印刷株式会社

●お問い合わせ
https://www.kadokawa.co.jp/（「お問い合わせ」へお進みください）
※内容によっては、お答えできない場合があります。
※サポートは日本国内のみとさせていただきます。
※Japanese text only

定価はカバーに表示してあります。

ISBN 978-4-04-605183-7　C0075